Uma pequena viagem pelo Mundo da Língua Portuguesa

Joana Meneses

Inhaber: Julius Robert Wolff
Hindenburgstraße 17, 31832 Springe
Kontakt: info@schinken-verlag.de

Korrektur: Fátima Vilela, Anja Rebelo de Andrade

ISBN: 978-3-96891-030-7

Introdução

Fico satisfeito por querer aprender português ou por já estar a aprender a língua. Escrevi um livro para si: um livro de breves histórias na língua mais bonita do mundo e onde também se fala um pouco sobre os países de língua portuguesa. Li muito sobre os países, viajei bastante pelo mundo e criei uma breve história para cada país. Portanto, algumas histórias são baseadas em eventos verdadeiros, outras são fictícias. Gostaria de apresentar a enorme diversidade da língua portuguesa, mas também a diversidade dos países onde se fala esta língua. É simplesmente incrível que, em Angola, por exemplo, seja bastante natural comunicar em português se for um português ou um brasileiro.

Através do esforço intensivo para compreender os diferentes países de língua portuguesa, conseguimo-nos envolver nas suas culturas e apreciar a riqueza linguística e cultural. É precisamente quando viaja pelos diferentes países e se deixa envolver pelas suas culturas.

Como resultado da exploração marítima portuguesa e da conquista do mundo por parte dos portugueses, verificou-se uma mistura das diferentes línguas. Naturalmente, a colonização também causou bastante sofrimento no mundo. Problemas como a escravatura são crimes históricos para a humanidade. A língua portuguesa teve subitamente influências asiáticas, africanas e americanas. Deste modo, o português não se fala da mesma maneira nos vários países lusófonos. Eu falo português de Portugal, uma vez que nasci e fui aí criada. No entanto, o país com mais falantes de português é o Brasil.

Espero que goste das pequenas histórias que escrevi de uma forma simples para os iniciantes as compreenderem facilmente.

Mergulhe agora comigo no mundo da língua portuguesa!

Einführung

Ich freue mich, dass Sie Portugiesisch lernen wollen oder die Sprache bereits lernen. Ich habe ein Buch für Sie geschrieben: Ein Buch mit Kurzgeschichten in der schönsten Sprache der Welt, in dem auch ein wenig über die portugiesischsprachigen Länder erzählt wird. Ich habe viel über die Länder gelesen, bin viel um die Welt gereist und habe für jedes Land eine Kurzgeschichte verfasst. Deshalb basieren einige Geschichten auf wahren Begebenheiten, andere sind ausgedacht. Ich möchte gerne die enorme Vielfalt der portugiesischen Sprache vorstellen, aber auch die Vielfalt der Länder, in denen diese Sprache gesprochen wird. Es ist einfach unglaublich, dass es zum Beispiel in Angola ganz natürlich ist, sich auf Portugiesisch zu verständigen, wenn man Portugiese oder Brasilianer ist.

Durch das intensive Bemühen, die verschiedenen portugiesischsprachigen Länder zu verstehen, konnten wir uns auf ihre Kulturen einlassen und den sprachlichen und kulturellen Reichtum schätzen lernen. Gerade wenn man durch die verschiedenen Länder reist und in ihre Kulturen eintaucht.

Als Ergebnis der portugiesischen maritimen Erkundung und infolge der Eroberung der Welt durch die Portugiesen kam es zu einer Vermischung verschiedener Sprachen. Natürlich hat die

Kolonisierung auch viel Leid in der Welt verursacht. Probleme wie die Sklaverei sind Verbrechen in der Menschheitsgeschichte an der Menschheit. Die portugiesische Sprache hatte plötzlich asiatische, afrikanische und amerikanische Einflüsse. Daher wird Portugiesisch in den verschiedenen portugiesischsprachigen Ländern nicht auf die gleiche Weise gesprochen. Ich spreche Portugiesisch aus Portugal, da ich dort geboren und aufgewachsen bin. Das Land mit den meisten Portugiesisch-Sprechern ist jedoch Brasilien.

Ich hoffe, Ihnen gefallen die kleinen Geschichten, die ich auf eine einfache, für Anfänger leicht verständliche Weise geschrieben habe.

Tauchen Sie jetzt mit mir in die Welt der portugiesischen Sprache ein!

Conto 1: O Alfredo de Lisboa fala das ondas da Nazaré aos turistas (Portugal)

Nas velhas ruas do Bairro Alto, em Lisboa, o senhor Alfredo senta-se numa cadeira articulada e aprecia os turistas. Fuma o seu cachimbo e fica satisfeito quando os turistas admiram a sua cidade no Miradouro de São Pedro de Alcântara. Muitos turistas fazem o percurso a pé desde a Baixa até ao miradouro e chegam quase sem fôlego, mas a maravilhosa vista sobre a cidade e os diversos cafés, onde é possível comer pastéis de nata e outras especialidades portuguesas, compensa o esforço. Há quem utilize o Elevador da Glória para se poupar do esforço da subida. Os pastéis de nata são as tradicionais tartes de creme portuguesas de sabor distinto e muito apreciadas em Portugal e além-fronteiras. É um doce típico português que foi criado em Belém, em 1837, pelos monges do Mosteiro dos Jerónimos, recebendo também o nome de *pastel de belém*. Também existem bares onde é possível tomar uma cerveja. Muitos músicos de rua acompanham a beleza da cidade. Há sempre muita azáfama.

Hoje em dia, Lisboa é visitada por turistas de todo o mundo. É a cidade das sete colinas, a cidade à beira-mar de clima mediterrânico. Para muitos, é uma das cidades mais bonitas da Europa. As ruas estreitas dos bairros e o fado que se faz ouvir ao cair da noite, o cheiro da comida típica portuguesa e a simpatia no rosto de cada lisboeta são o encanto desta cidade. O senhor Alfredo faz parte da moldura desta cidade de paredes de azulejo e telhados vermelhos. O extenso Rio Tejo pode ser atravessado pela bela Ponte 25 de Abril, onde é possível ver mesmo em frente o Cristo Rei, lá no alto. Os elétricos serpenteiam pela cidade e dão a conhecer os seus recantos mais pitorescos, acrescentando um pouco mais de encanto à cidade e ao seu tradicional estilo de vida. O elétrico amarelo 28 é o mais conhecido. O Castelo de São Jorge, a Torre de Belém, o Padrão dos Descobrimentos, o Mosteiro dos Jerónimos e o belo Oceanário de Lisboa são os pontos turísticos obrigatórios para quem visita a cidade.

Para o senhor Alfredo, Lisboa é a cidade mais bonita do mundo. Faz a sua parte para garantir que os turistas levam consigo muitas histórias para contar sobre Lisboa. No passado, o senhor Alfredo costumava falar aos turistas sobre as enormes ondas da Nazaré, um lugar a 100 quilómetros de Lisboa banhado pelo Oceano Atlântico. Ninguém queria acreditar que pudessem existir ondas tão grandes. Hoje em dia, é difícil impressionar as pessoas com as ondas, pois toda a gente tem acesso à Internet e pode ver as ondas no *smartphone*. Portanto, a maioria dos turistas já ouviu falar do lugar ou já o visitou. Dantes havia menos turistas e era mais fácil para o senhor Alfredo impressioná-los.

O senhor Alfredo viveu na Nazaré durante uns tempos. Era pescador e saía para o mar todos os dias, independentemente do clima. Conhece bem a costa portuguesa e adora o Oceano Atlântico. As praias de Lisboa também são bonitas, mas as ondas são ridículas em comparação com as ondas da Nazaré. A Nazaré é uma vila portuguesa do distrito de Leiria que evoluiu de vila piscatória para vila turística. As suas famosas ondas gigantes chamaram a atenção de vários surfistas em todo o mundo e foram batidos aqui muitos recordes de surfe. Antigamente, as nazarenas utilizavam as famosas sete saias para se cobrirem enquanto esperavam pelo regresso dos maridos da pesca. Diz-se que representam as sete virtudes, os sete dias da semana, as sete ondas do mar, etc. É um tipo de vestuário tradicional que é hoje utilizado no folclore.

A mulher do senhor Alfredo acha que o marido só gosta de se exibir e de dizer a toda a gente que Portugal é o país mais bonito do mundo. *Como é que sabes?*, costuma perguntar-lhe. Hoje em dia, o senhor Alfredo inventa pequenas histórias, já que não consegue mais impressionar os turistas com as grandes ondas da Nazaré. Fala-lhes de buracos no mar e da cidade subaquática. O senhor Alfredo tem muita criatividade e adora inventar histórias. A sua mulher, a Paula, pergunta-lhe:

– Ora diz lá que disparate andaste a contar hoje aos turistas.

– Disse-lhes que este é o país mais bonito do mundo e que os portugueses são o povo mais relaxado do mundo. Hoje, cruzei-me com muitos turistas espanhóis na colina e tivemos de falar *Portunhol*.

Falar *Portunhol* significa que os espanhóis falam espanhol mais lentamente e os portugueses falam português mais lentamente para se compreenderem mutuamente. *Portunhol* é uma palavra que resulta da combinação das palavras "português" e "espanhol". Uma vez que o espanhol e o português estão intimamente relacionados, os povos sul-americanos entendem-se tão bem como os espanhóis e os portugueses.

– Os turistas espanhóis acham que o país deles é que é o mais bonito do mundo, mas acabei por conseguir convencê-los do contrário. – Diz o senhor Alfredo.

– Talvez os espanhóis apenas quisessem que tu os deixasses em paz e foi por isso que concordaram contigo. Como podes saber se o nosso país é o mais bonito do mundo? Já visitaste os outros países todos?

O senhor Alfredo esboça um sorriso e responde:

– Também não vi todas as mulheres do mundo, mas sei que estou casado com a mais bonita de todas.

A Paula fica sem palavras, sorri, e sente todo o seu amor pelo seu bizarro marido Alfredo.

Perguntas:

1. Que miradouro é referido na história?
   a) Miradouro de São Pedro de Alcântara
   b) Miradouro da Graça
   c) Miradouro de Santa Luzia
   d) Miradouro das Portas do Sol
2. Os pastéis de belém foram criados pelos monges de que mosteiro?
   a) Mosteiro de Alcobaça
   b) Mosteiro da Batalha
   c) Mosteiro dos Jerónimos
   d) Mosteiro da Serra do Pilar
3. Quantas saias vestiam as nazarenas?
   a) Quatro
   b) Nove
   c) Três
   d) Sete
4. Nazaré é uma vila de que distrito?
   a) Braga
   b) Leiria
   c) Lisboa
   d) Porto
5. O que diz o senhor Alfredo a todos os turistas?
   a) Portugal é o país mais bonito do mundo
   b) Lisboa é a cidade das 7 colinas
   c) As ondas da Nazaré são pequenas
   d) Os portugueses são o povo mais simpático do mundo

Geschichte 1: Alfredo aus Lissabon erzählt den Touristen von den Wellen in Nazaré

In den alten Straßen von Bairro Alto, in Lissabon, sitzt Alfredo auf einem Klappstuhl und erfreut sich an den Touristen. Er raucht seine Pfeife und freut sich, wenn Touristen vom Aussichtspunkt Miradouro de São Pedro de Alcântara seine Stadt bewundern. Viele Touristen laufen vom Stadtzentrum zum Aussichtspunkt und kommen fast außer Atem an, aber der wunderbare Blick über die Stadt und die verschiedenen Cafés, in denen man Pastéis de Nata und andere portugiesische Spezialitäten essen kann, entschädigt sie für die Anstrengung. Einige Leute benutzen den Elevador da Glória, um sich das mühevolle Bergauflaufen zu ersparen. Pastéis de Nata sind die traditionellen portugiesischen Cremetörtchen mit einem eigenen Geschmack, und sie werden in Portugal und im Ausland sehr geschätzt. Es handelt sich um eine typisch portugiesische Süßigkeit, die 1837 in Belém von den Mönchen des Jerónimos-Klosters kreiert wurde und ebenfalls den Namen Pastel de Belém erhielt. Es gibt auch Bars, in denen man ein Bier trinken kann. Viele Straßenmusiker begleiten die Schönheit der Stadt. Es herrscht immer viel Trubel.

Heutzutage wird Lissabon von Touristen aus der ganzen Welt besucht. Es ist die Stadt der sieben Hügel, die Stadt am Meer mit mediterranem Klima. Für viele ist sie eine der schönsten Städte Europas. Die engen

Gassen der Stadtviertel und der Fado, der bei Einbruch der Dunkelheit zu hören ist, der Geruch von typisch portugiesischem Essen und die Freundlichkeit in den Gesichtern eines jeden Lissaboners machen den Charme dieser Stadt aus. Alfredo ist Teil dieser Stadt aus Ziegelwänden und roten Dächern. Der große Fluss Tejo kann über die wunderschöne Brücke Ponte 25 de Abril überquert werden, von der aus man direkt (von vorne) auf die Statue Cristo Rei blicken kann. Die Straßenbahnen schlängeln sich durch die Stadt und sind für die Stadt mit ihren malerischen Ecken bekannt, dadurch dass sie dem traditionellen Lebensstil der Stadt ein wenig mehr Charme verleihen. Die gelbe Straßenbahn 28 ist die bekannteste. Die Burg Castelo de São Jorge, der Turm Torre de Belém, das Denkmal Padrão dos Descobrimentos, das Kloster Mosteiro dos Jerónimos und das wunderschöne Ozeanarium Oceanário de Lisboa sind die obligatorischen touristischen Anziehungspunkte für diejenigen, die die Stadt besuchen.

Für Alfredo ist Lissabon die schönste Stadt der Welt. Er trägt seinen Teil dazu bei, dass die Touristen viele Geschichten über Lissabon mitnehmen, die sie erzählen können. Früher erzählte Alfredo den Touristen von den gewaltigen Wellen von Nazaré, einem Ort 100 Kilometer von Lissabon entfernt, der vom Atlantischen Ozean umspült wird. Niemand wollte glauben, dass es so große Wellen gibt.

Heutzutage ist es schwer, die Menschen mit den Wellen zu beeindrucken, weil jeder Zugang zum Internet hat und die Wellen auf seinem Smartphone sehen kann. Die meisten Touristen haben also von dem Ort gehört oder ihn schon besucht. Früher gab es weniger Touristen, und es war einfacher für Herrn Alfredo, sie zu beeindrucken.

Alfredo lebte eine Zeitlang in Nazaré. Er war Fischer und fuhr jeden Tag aufs Meer hinaus, unabhängig vom Wetter. Er kennt die portugiesische Küste gut und liebt den Atlantischen Ozean. Die Strände von Lissabon sind ebenfalls wunderschön, aber die Wellen sind im Vergleich zu den Wellen von Nazaré lächerlich. Nazaré ist ein portugiesisches Dorf im Bezirk Leiria, das sich von einem Fischerdorf zu einem Touristendorf entwickelt hat. Auf die berühmten Riesenwellen sind viele Surfer aus der ganzen Welt aufmerksam geworden, und viele Surfrekorde wurden hier aufgestellt. Früher trugen die Frauen aus Nazaré die berühmten Sete Saias (siebenstufige Röcke), während sie auf die Rückkehr ihrer Fischer-Ehemänner warteten. Man sagt, dass sie die sieben Tugenden, die sieben Tage der Woche sowie die sieben Wellen des Meeres repräsentieren. Es ist eine traditionelle Kleidung, die man heute in der Folklore findet.

Die Frau von Alfredo glaubt, dass ihr Mann einfach nur gerne angibt, indem er jedem erzählt, dass Portugal das schönste Land der Welt ist. „Woher weißt du das?", fragt sie ihn ständig. Nun erfindet Alfredo kleine Geschichten, da er die Touristen nicht mehr mit den großen Wellen von Nazaré beeindrucken kann. Er erzählt ihnen von Löchern im Meer und einer Unterwasserstadt. Alfredo ist sehr kreativ, und er liebt es, Geschichten zu erfinden. Seine Frau Paula fragt ihn:

„Sag mir, welchen Unsinn du den Touristen heute erzählt hast?"

„Ich habe ihnen gesagt, dass dies das schönste Land der Welt ist und dass die Portugiesen die entspanntesten Menschen der Welt sind. Heute traf ich einige spanische Touristen auf dem Hügel, und wir mussten Portunhol sprechen.

Portunhol zu sprechen bedeutet, dass die Spanier langsam Spanisch sprechen und die Portugiesen langsam Portugiesisch sprechen, um einander zu verstehen. Portunhol ist ein Wort, das sich aus der Kombination der Wörter "Português" und "Espanhol" ergibt (bzw. im Spanischen Portuñol aus Portugués und Español). Da Spanisch und Portugiesisch eng miteinander verwandt sind, verstehen sich die Völker Südamerikas untereinander ebenso wie die Spanier und Portugiesen.

„Die spanischen Touristen halten ihr Land für das schönste der Welt, aber es ist mir gelungen, sie vom Gegenteil zu überzeugen.“ sagt Alfredo.

„Vielleicht wollten die Spanier nur, dass du sie in Ruhe lässt, und deshalb gaben sie dir recht. Woher willst du wissen, ob unser Land das schönste der Welt ist? Hast du alle anderen Länder besucht?“

Alfredo setzt ein Lächeln auf und antwortet:

„Ich habe auch nicht alle Frauen der Welt gesehen, aber ich weiß, dass ich mit der schönsten von allen verheiratet bin.“

Paula ist sprachlos, lächelt und spürt ihre ganze Liebe zu ihrem bizarren Ehemann Alfredo.

Conto 2: Gustavo e o seu amor secreto em Manaus, no Brasil

A língua portuguesa é falada em todo o Brasil. Este país tem mais de 200 milhões de habitantes, o que significa que é a zona do mundo que alberga a vertente mais falada desta língua. Os marinheiros portugueses conquistaram esta zona da América do Sul no século XVI e a língua dispersou-se por todo o continente. É agora a quinta língua mais falada do mundo e a mais falada no hemisfério sul.

As comunicações com os países vizinhos de língua espanhola, como a Argentina e a Venezuela, também são possíveis. É utilizado o chamado *Portunhol.*

O português do Brasil foi influenciado por outras línguas que eram utilizadas antes da chegada dos colonos ao país e por línguas africanas que foram introduzidas em meados do século XVII quando se verificou um grande fluxo de escravos oriundos de terras africanas. É uma vertente da língua que é muito mais pronunciada pelo nariz e onde domina a utilização do pronome *você* e o gerúndio como tempo verbal. Por exemplo, em Portugal diz-se "Estás a falar a verdade?", os brasileiros dizem "Você está falando verdade?". Há quem diga que no Brasil se fala o *português com açúcar,* dada a sua sonoridade mais doce.

Manaus é a capital do estado do Amazonas e encontra-se no meio da floresta, na zona norte do Brasil. O Rio Amazonas é certamente muito importante para esta cidade. Manaus situa-se nas margens deste rio e pode ser mais facilmente acedido por barco do que por carro. Esta cidade, que tem mais de um milhão de habitantes, foi, em tempos, conhecida pela sua produção de borracha, sendo muito rica segundo os padrões brasileiros. No entanto, a Ásia conquistou este mercado e Manaus perdeu a sua importância na economia mundial e a pobreza surgiu como consequência.

O Rio Amazonas é um dos maiores do mundo. Tem mais de mil afluentes e constitui 20% da água doce líquida da Terra. Pescar no Amazonas é um meio de subsistência de muitos brasileiros, mas foi arruinado pelas maiores empresas grossistas de venda de peixe.

O Gustavo vive em Manaus e já dependeu muito da pesca. A gastronomia de Manaus sofreu pouca influência portuguesa e africana e o peixe de água doce é o ingrediente de destaque. Todas as manhãs, ele ia para o rio pescar com o seu pai para depois venderem o peixe e alimentarem a família. No entanto, com o passar do tempo, a clientela começou a desaparecer e, para tristeza do seu pai, o Gustavo acabou por abandonar a atividade e procurar outras oportunidades.

Hoje em dia, o Gustavo é artista de rua. Está sempre pintado com maquilhagem branca e faz pantomima nas ruas movimentadas de Manaus. O Gustavo é muito bom a expressar-se com os gestos e fica muito feliz por roubar os sorrisos das crianças que seguem todos os seus movimentos com muita atenção. Algumas tentam até replicar as suas expressões e o Gustavo fica deliciado com aquela partilha inocente. Por vezes, no fim de todo aquele teatro, os pais dão algumas moedas aos filhos, que eles atiram para dentro do boné pousado no chão. Nesse momento, o Gustavo faz sempre um gesto de agradecimento muito extravagante e lança uma corda invisível na direção da criança, que depois finge puxar na sua direção. As crianças costumam seguir as suas instruções cómicas e acabam por se aproximar, e no final tiram uma fotografia juntos.

No entanto, a grande emoção dos seus dias é quando ele chega a casa ao fim do dia. Diariamente, uma mulher bonita passa pela casa dele. Segue sempre muito apressada, mas o Gustavo pisca-lhe um olho e ela pisca de volta. O Gustavo mal pode esperar por esse momento. É o ponto alto do seu dia e sente sempre um leve formigueiro no estômago. A mulher é alta e morena e os cabelos longos são muito encaracolados e brilhantes. Usa sempre roupas leves e muito coloridas. Fazem lembrar as roupas típicas do Carimbó, a dança típica da região norte do Brasil.

Ela simplesmente não consegue ficar indiferente àquele homem pintado de branco com quem se cruza diariamente, e, para grande alegria do Gustavo, ela olha sempre na sua direção.

Durante o dia, o Gustavo pensa nela com bastante frequência. Costuma imaginar-se de mãos dadas com ela a passear pelo Largo de São Sebastião, atravessando o belo piso de pedras portuguesas formado por ondas pretas e brancas, ou a fazerem um trilho pela exótica floresta Amazónica.

Certo dia, o Gustavo sente-se adoentado e decide ir à farmácia no centro da cidade e, claro, não vai maquilhado. Ele reconhece a mulher do outro lado do balcão, que o atende de imediato.

– Como eu posso ajudar você? – Pergunta ela com o seu belo sorriso tímido que ele conhece muito bem.

– Eu… Eu queria comprar aspirinas, por favor. – Responde o Gustavo, encantado com a beleza daquela mulher. Costumava vê-la à distância, mas ela é ainda mais bela do que ele pensava.

- Apenas uma caixa de aspirinas? – Pergunta ela

uma vez mais.

– Sim, uma caixa. – Ele responde, perguntando de imediato: – Você trabalha aqui há muito tempo? Venho cá com alguma frequência e nunca a vi por aqui.

– Não, eu trabalho nesta farmácia há pouco mais de uma semana. Ainda estou me ambientando. – Responde a mulher, afastando-se depois para recolher o medicamento. Quando ela regressa, o Gustavo repara no cartão de identificação que ela tem ao peito: *Camila*.

– São 9 reais, por favor.

O Gustavo tira o dinheiro da carteira enquanto a mulher coloca a pequena caixa dentro do saco, e pousa o dinheiro em cima do balcão. A mulher recolhe o dinheiro e logo lhe dá o troco e a fatura.

– Obrigada, volte sempre. – Diz a mulher, olhando-o com uma ligeira expressão confusa, como se estivesse a reconhecer aquele homem simpático de algum lado. O Gustavo achou-a ainda mais encantadora.

– Voltarei, menina Camila.

O Gustavo não teve coragem de revelar a sua identidade naquele dia, mas já ansiava poder piscar-lhe o olho no dia a seguir.

Perguntas:

1. Manaus é a capital de que estado brasileiro?
   a) Amazonas
   b) Minas Gerais
   c) Pernambuco
   d) São Paulo

2. O que era o Gustavo antes de fazer pantomima?
   a) Carpinteiro
   b) Ator
   c) Empresário
   d) Pescador

3. O que faz o Gustavo sempre que vê a mulher?
   a) Acena com a mão
   b) Vira a cara
   c) Pisca o olho
   d) Foge

4. Como se chama a mulher?
   a) Cármen
   b) Tatiana
   c) Camila
   d) Carla

5. Como se chama a praça que existe em Manaus que é referida na história?
   a) Praça dos Girassóis
   b) Largo de São Sebastião
   c) Largo do Machado
   d) Largo do Arouche

Geschichte 2: Gustavo und seine heimliche Liebe in Manaus, Brasilien

Die portugiesische Sprache wird in ganz Brasilien gesprochen. Dieses Land hat mehr als 200 Millionen Einwohner, was bedeutet, dass es die Region der Welt ist, in der die Sprache am meisten gesprochen wird. Portugiesische Seeleute eroberten diesen Teil Südamerikas im 16. Jahrhundert, und die Sprache wurde über den ganzen Kontinent verstreut. Sie ist heute die am fünfthäufigsten gesprochene Sprache der Welt und die meistgesprochene in der südlichen Hemisphäre.

Auch die Kommunikation mit benachbarten spanischsprachigen Ländern wie Argentinien und Venezuela ist möglich. Es wird das so genannte Portunhol genutzt.

Das brasilianische Portugiesisch wurde von anderen Sprachen beeinflusst, die vor der Ankunft der Siedler im Land verwendet wurden, sowie von afrikanischen Sprachen, die Mitte des siebzehnten Jahrhunderts eingeführt wurden, als es einen großen Zustrom von Sklaven aus afrikanischen Ländern gab. Es ist eine Variante der Sprache, bei der die nasale Aussprache viel ausgeprägter ist und bei dem die Verwendung des Pronomens „Sie“ und das Gerundiums als Verbform dominiert. In Portugal sagt man zum Beispiel: „Estás a falar a verdade?" Die Brasilianer sagen: „Você está falando verdade?" Einige sagen, dass man in Brasilien Portugiesisch mit Zucker spricht, weil es süßer klingt.

Manaus ist die Hauptstadt des Bundesstaates Amazonas und liegt mitten im Regenwald, in der nördlichen Zone Brasiliens. Der Amazonas ist natürlich sehr wichtig für diese Stadt. Manaus liegt am Ufer dieses Flusses und ist mit dem Boot leichter zu erreichen als mit dem Auto. Diese Stadt, die mehr als eine Million Einwohner hat, war einst für ihre Kautschukproduktion bekannt und ist für brasilianische Verhältnisse sehr reich. Asien hat diesen Markt jedoch erobert, und Manaus hat seine Bedeutung in der Weltwirtschaft verloren, und als Folge ist Armut entstanden.

Der Amazonas ist einer der größten Flüsse der Welt. Er hat mehr als tausend Zuflüsse und macht 20% des flüssigen Süßwassers der Erde aus. Der Fischfang im Amazonas ist für viele Brasilianer eine Lebensgrundlage, wurde aber von den größten Fischgroßhandelsunternehmen ruiniert.

Gustavo lebt in Manaus und war sehr stark vom Fischfang abhängig. Die Gastronomie von Manaus hat wenig portugiesischen und afrikanischen Einfluss, und Süßwasserfisch ist ein wichtiger Bestandteil. Jeden Morgen ging er zum Fluss, um mit seinem Vater zu fischen, verkaufte den Fisch und versorgte die Familie. Im Laufe der Zeit begann die Kundschaft jedoch zu verschwinden, und zum Leidwesen seines Vaters gab Gustavo die Tätigkeit schließlich auf und suchte nach anderen Möglichkeiten.

Heute ist Gustavo ein Straßenkünstler. Er ist immer mit weißer Schminke bemalt und macht Pantomime in den belebten Straßen von Manaus. Gustavo ist sehr gut darin, sich mit seinen Gesten auszudrücken, und er freut sich sehr, Kindern ein Lächeln zu stehlen, die jede seiner Bewegungen mit großer Aufmerksamkeit verfolgen. Einige versuchen sogar, seine Gesten nachzumachen, und Gustavo freut sich über diesen gedankenlosen Austausch. Manchmal, am Ende seiner Vorstellung, geben Eltern ihren Kindern einige Münzen, die sie in den Hut auf dem Boden werfen. In diesem Moment macht Gustavo immer eine sehr extravagante Geste der Dankbarkeit und wirft ein unsichtbares Seil in die Richtung des Kindes, das ihm dann vorgibt, dass es in seine Richtung gezogen wird. Normalerweise folgen die Kinder seinen komischen Anweisungen und kommen näher, und am Ende machen sie gemeinsam ein Foto.

Das Aufregendste seiner Tage ist jedoch, wenn er am Ende des Tages nach Hause kommt. Jeden Tag kommt eine schöne Frau an seinem Haus vorbei. Sie ist immer in Eile, aber Gustavo zwinkert ihr mit einem Auge zu, und sie zwinkert zurück. Gustavo kann diesen Moment kaum erwarten. Es ist der Höhepunkt seines Tages, und er spürt immer ein leichtes Kribbeln im Bauch. Die Frau ist groß und dunkelhäutig, und ihr langes Haar ist sehr lockig und glänzend. Sie trägt immer helle und sehr farbenfrohe Kleidung. Sie erinnert an die typische Kleidung des Carimbó, dem typischen Tanz der nördlichen Region Brasiliens.

Sie kann einfach nicht gegenüber diesem weiß angemalten Mann gleichgültig bleiben, dem sie täglich begegnet, und zu Gustavos großer Freude schaut sie immer in seine Richtung.

Tagsüber denkt Gustavo ziemlich oft an sie. Gewöhnlich stellt er sich vor, Hand in Hand mit ihr über den Platz „Largo de São Sebastião“ zu gehen, den wunderschönen portugiesischen Steinboden aus schwarz-weißen Wellen zu überqueren oder eine Wanderung durch den exotischen Amazonas-Regenwald zu machen.

Eines Tages fühlt sich Gustavo krank und beschließt, in die Apotheke in der Innenstadt zu gehen, und natürlich schminkt er sich nicht. Er erkennt die Frau auf der anderen Seite des Tresens, die ihn daraufhin bedient.

„Wie kann ich Ihnen helfen?" Sie fragt mit ihrem schönen schüchternen Lächeln, das er sehr gut kennt.

„Ich... ich würde gerne ein Aspirin kaufen, bitte.", antwortet Gustavo, erfreut über die Schönheit dieser Frau. Er hat sie immer aus der Ferne gesehen, aber sie ist noch schöner, als er dachte.

„Nur eine Schachtel Aspirin?" Sie fragt erneut.

„Ja, eine Schachtel." Er antwortet und fragt sofort: „Arbeiten Sie schon lange hier? Ich komme ziemlich oft hierher und habe Sie hier noch nie gesehen."

„Nein, ich arbeite erst seit etwas mehr als einer Woche in dieser Apotheke. Ich bin noch dabei, mich einzugewöhnen.", antwortet die Frau. Dann geht sie weg, um das Medikament zu holen. Als sie zurückkehrt, bemerkt Gustavo das Schild auf ihrer Brust: Camila.

„Das macht dann neun Reais, bitte."

Gustavo nimmt das Geld aus seiner Brieftasche, während die Frau die kleine Schachtel in eine Tüte steckt und er das Geld auf den Tresen legt. Die Frau nimmt das Geld und gibt ihm dann das Wechselgeld und die Rechnung.

„Danke, kommen Sie gerne wieder.“, sagt die Frau und sieht ihn mit einem leicht verwirrten Gesichtsausdruck an, als ob sie diesen netten Mann von irgendwoher wiedererkannt hätte. Gustavo fand sie noch charmanter.

„Ich werde wiederkommen, Camila.“

Gustavo hatte nicht den Mut, an diesem Tag sich zu erkennen zu geben, aber er sehnte sich danach, ihr am nächsten Tag zuzuzwinkern.

Conto 3: Uma viagem a Guiné-Bissau

A Luísa e o Joel são um casal. Vivem em Lisboa, em Portugal, num belo apartamento no centro da cidade. O Joel foi criado e estudou em Lisboa, mas é originário da Guiné-Bissau, um pequeno país na África Ocidental. Os seus pais emigraram com ele para Portugal quando ele era criança. Uma vez que a Guiné-Bissau foi uma colónia portuguesa, era mais fácil migrar para lá do que para outros países africanos. Portanto, existem bastantes pessoas da Guiné-Bissau em Portugal: cerca de 30 000.

A família do Joel comunicava bem em português quando chegou a Portugal há 25 anos. Na Guiné-Bissau, o português é a língua oficial, embora apenas 15 % da população fale esta língua. O crioulo, ou *kriol,* falado nas ruas pela maioria das pessoas, é também uma variante da língua portuguesa. Por estar rodeado de países de língua francesa, esta é a principal língua estrangeira da Guiné-Bissau.

O Joel nunca mais regressou à Guiné-Bissau desde que era criança. Era muito novo e lembra-se de poucas coisas. No entanto, toda a sua vida manteve-se entre ambas as culturas. Ele e os seus pais levam consigo bem fundo nos seus corações a cultura da África Ocidental, com os seus tambores e as suas belas danças, que são a grande expressão artística das comunidades étnicas.

O Joel ficou muito melancólico quando a Luísa sugeriu que ele visitasse o seu país de origem. A Luísa é portuguesa e cresceu em Lisboa, mas gosta muito de viajar e, acima de tudo, tem muito interesse em culturas exóticas. Chegou mesmo a visitar o Senegal em tempos, que fica muito próximo do país natal do Joel, e ela adorou. Desde que conheceu o Joel, ela tem ainda mais curiosidade em conhecer a Guiné-Bissau do que ele. Por vezes, o Joel sente que a Luísa está com ele porque o vê como algo de exótico.

Agora, a Luísa está à frente do Joel com dois bilhetes de avião na mão. O Joel não sabe o que dizer. A Luísa está muito curiosa e entusiasmada, mas ele sente um turbilhão de emoções. É o seu país natal, a sua cultura. Ele começa a chorar quando segura no bilhete de avião com as suas mãos. Não sabe se são lágrimas de alegria ou simplesmente uma sobrecarga emocional.

– Vai ser uma viagem incrível. Vais ver de perto a tua cultura, o teu verdadeiro lar. – Diz a Luísa, abraçando-o carinhosamente.

– Obrigado pela surpresa, querida. Não estava nada à espera, mas estou muito feliz por poder partilhar este momento contigo. – Diz o Joel.

O tempo passa e a data da viagem aproxima-se. O casal prepara as mochilas e faz os planos para a viagem. No dia de partirem, entram no avião e dão início à sua bonita aventura.

Chegados à capital Bissau, de mochila às costas, o Joel sente-se estranho, mas de alguma forma também muito atraído pela cultura. Está agitado. Infelizmente, a Guiné-Bissau é um dos países mais pobres do mundo e essa realidade é notória. As casas e ruas criam uma impressão muito degradada da cidade. As pessoas que passam por eles na rua são muito curiosas. Para eles, é como se a Luísa e o Joel tivessem vindo de outro mundo. Param para pedir instruções a um transeunte para chegar ao hotel. O Joel tem uma sensação de familiaridade. Especialmente porque as pessoas falam o português dos seus pais. Além disso, as pessoas são muito amigáveis e todos os gestos parecem familiares para o Joel.

O casal agradece as instruções e segue caminho. Encontram o hotel logo depois. É um edifício muito simples e não há água corrente. Existem apenas baldes de água que são enchidos diariamente. A Luísa acha tudo isso muito emocionante. O Joel reconhece uma vez mais os gestos e o comportamento dos seus pais e parentes que vivem em Portugal. No entanto, ele nunca morou na Guiné-Bissau e tem apenas umas recordações vagas do tempo de criança.

A primeira noite no hotel é muito quente. O clima do país é tropical. Há muita humidade e o casal não está habituado àquele tipo de condições. Não há ar condicionado e a ventoinha funciona apenas quando há eletricidade, o que acontece muito raramente. No entanto, passam bem a noite e o Joel parece especialmente satisfeito.

Antes de partirem, os pais do Joel descreveram exatamente em que casa viveram em Bissau. Não há moradas, mas a descrição é muito boa. Afinal, a tia do Joel, a Helena, ainda vive naquele bairro. No entanto, o Joel não se lembra da tia, pois era muito novo na altura.

O casal procura o lugar durante várias horas, mas não encontra a casa. Eventualmente, começam a perguntar às pessoas nas ruas. É muito conveniente que o português seja a língua nacional. Claro, é um pouco diferente, mas é compreensível. Eles perguntam vezes e vezes sem conta. A certa altura, já não perguntam às pessoas se conhecem o lugar, mas sim a tia Helena. É muito difícil porque as ruas estreitas com as cabanas improvisadas são uma espécie de labirinto. As pessoas são muito curiosas, mas também muito prestáveis. Há sempre alguém que conhece alguém que pode ajudar e, por isso, a busca continua. O Joel sente-se confortável.

E, de repente, o casal tem à sua frente a tia do Joel, a Helena. A senhora reconhece imediatamente o jovem. Parece vir de um outro mundo, mas ela conhece os olhos dele.

– Joel! – A senhora dá um abraço forte ao rapaz e os dois começam a chorar.

Durante toda a noite, a tia Helena conta à Luísa e ao Joel sobre as experiências do seu sobrinho quando ainda era pequeno. Bebem chá à lareira e a Helena prepara-lhes Yassa, um prato picante com cebola, frango e limão. É claro que o Joel conhece o prato. Os seus pais costumam cozinhar no seu apartamento em Lisboa. O Joel está muito feliz e sente um turbilhão de emoções. A Luísa está impressionada não só por estar a aprender sobre a cultura do país, mas também por estar no meio dela e por poder partilhar aquela experiência tão emocionante com o amor da sua vida.

Perguntas:

1. Qual a capital da Guiné-Bissau?
   a) Farim
   b) Bissau
   c) Gabu
   d) Mansoa

2. Qual a principal língua estrangeira falada na Guiné-Bissau?
   a) Francês
   b) Português
   c) Espanhol
   d) Inglês

3. Qual a reação das pessoas quando se cruzam com a Luísa e o Joel?
   a) Indiferença
   b) Curiosidade
   c) Agressividade
   d) Cautela

4. Como reage a tia do Joel quando o vê?
   a) Não o reconhece
   b) Reconhece-o e abraça-o
   c) Sorri e acena
   d) Reconhece-o e diz olá

5. Como se chama a comida típica que foi preparada no final da história?
   a) Katupa
   b) Cachupa
   c) Moamba
   d) Yassa

Geschichte 3: Eine Reise nach Guinea-Bissau

Luisa und Joel sind ein Paar. Sie leben in Lissabon, Portugal, in einer schönen Wohnung im Stadtzentrum. Joel wuchs in Lissabon auf und studierte dort, stammt aber ursprünglich aus Guinea-Bissau, einem kleinen Land in Westafrika. Seine Eltern wanderten mit ihm nach Portugal aus, als er noch ein Kind war. Da Guinea-Bissau eine portugiesische Kolonie war, war es einfacher dorthin einzuwandern als aus anderen afrikanischen Ländern. Dadurch gibt es eine große Anzahl von Menschen aus Guinea-Bissau in Portugal: Etwa 30.000.

Joels Familie konnte sich gut auf Portugiesisch verständigen, als er vor 25 Jahren nach Portugal kam. In Guinea-Bissau ist Portugiesisch die Amtssprache, obwohl nur 15 % der Bevölkerung diese Sprache sprechen. Aber das Kreol, oder Kriol, das von den meisten Menschen auf den Straßen gesprochen wird, ist ebenfalls eine Variante der portugiesischen Sprache. Da das Land von französischsprachigen Ländern umgeben ist, ist Französisch die wichtigste Fremdsprache in Guinea-Bissau.

Joel ist seit seiner Kindheit nie mehr nach Guinea-Bissau zurückgekehrt. Er war sehr jung und erinnert sich nur an wenige Dinge. Sein ganzes Leben ist er jedoch von beiden Kulturen umgeben. Er und seine Eltern tragen tief in ihrem Herzen die Kultur

Westafrikas mit Trommeln und den schönen Tänzen, die das künstlerische Verbindungselement der ethnischen Gemeinschaften sind.

Joel wurde sehr melancholisch, als Louise ihm vorschlug, sein Heimatland zu besuchen. Luisa ist Portugiesin und in Lissabon aufgewachsen, aber sie reist gerne und viel und interessiert sich vor allem für exotische Kulturen. Sie besuchte sogar einmal den Senegal, der Joels Heimatland sehr nahe liegt, und sie liebte das Land. Seit sie Joel getroffen hat, ist sie noch neugieriger auf Guinea-Bissau als er. Manchmal hat Joel das Gefühl, dass Louise mit ihm zusammen ist, weil sie ihn für etwas Exotisches hält.

Nun steht Luisa vor Joel mit zwei Flugtickets in der Hand. Joel weiß nicht, was er sagen soll. Luisa ist begeistert und aufgewühlt, aber er spürt ein Feuerwerk an Gefühlen. Es ist sein Heimatland, seine Kultur. Er beginnt zu weinen, als er das Flugticket in den Händen hält. Er weiß nicht, ob es sich um Freudentränen oder einfach um eine emotionale Überforderung handelt.

„Es wird eine unglaubliche Reise werden. Du wirst deine Kultur ganz nah erleben, deine wirkliche Heimat.“, sagt Luisa und umarmt ihn zärtlich.

„Danke für die Überraschung, Liebling. Das habe ich nicht erwartet, aber ich bin sehr glücklich, diesen Augenblick mit dir zu teilen.“, sagt Joel.

Die Zeit vergeht und das Abreisedatum rückt näher. Das Paar packt die Rucksäcke und macht Pläne für die Reise. Am Abreisetag steigen sie in das Flugzeug, und ihr schönes Abenteuer beginnt.

Als sie mit ihren Rucksäcken auf dem Rücken in der Hauptstadt Bissau ankommen, fühlt sich Joel seltsam, aber irgendwie auch sehr hingezogen zu der Kultur. Er ist unruhig. Leider ist Guinea-Bissau eines der ärmsten Länder der Welt, und das ist deutlich sichtbar. Die Häuser und Straßen vermitteln einen sehr ramponierten Eindruck von der Stadt. Die Menschen, die auf der Straße an ihnen vorbeigehen, sind sehr neugierig. Für sie ist es, als kämen Luisa und Joel aus einer anderen Welt. Sie halten an und fragen einen Passanten nach der Wegbeschreibung zum Hotel. Joel hat ein vertrautes Gefühl. Vor allem, weil die Menschen das Portugiesisch seiner Eltern sprechen. Zudem sind die Menschen sehr freundlich, und auch die Gesten kommen Joel vertraut vor.

Das Paar dankt für die Wegbeschreibung und führt den Weg fort. Kurz darauf finden sie das Hotel. Es ist ein sehr einfaches Gebäude, und es gibt kein fließendes Wasser. Es gibt nur Wassereimer, die täglich befüllt werden. Luisa findet das alles sehr aufregend. Joel erkennt einmal mehr die Gesten und das Verhalten seiner Eltern und Verwandten aus Portugal wieder. Er hat jedoch nie richtig in Guinea-Bissau gelebt und hat nur vage Erinnerungen an seine Kindheit.

Die erste Nacht im Hotel ist sehr heiß. Das Klima im Land ist tropisch. Die Luftfeuchtigkeit ist sehr hoch, und das Paar ist diese Verhältnisse nicht gewöhnt. Es gibt keine Klimaanlage, und der Ventilator funktioniert nur, wenn der Strom da ist, was sehr selten vorkommt. In der Nacht schlafen sie jedoch gut, und Joel scheint besonders glücklich zu sein.

Vor ihrer Abreise beschrieben Joels Eltern genau, in welchem Haus sie in Bissau wohnten. Es gibt keine Adressen, aber die Beschreibung ist sehr genau. Außerdem lebt Joels Tante Helena noch immer in diesem Viertel. Joel erinnert sich jedoch nicht an seine Tante, da er damals noch sehr jung war.

Das Paar sucht in der Gegend mehrere Stunden lang, kann aber das Haus nicht finden. Irgendwann fangen sie an, die Menschen auf der Straße zu fragen. Es ist sehr praktisch, dass Portugiesisch die Landessprache ist. Natürlich ist es ein bisschen anders, aber es ist verständlich. Sie fragen immer und immer wieder. Irgendwann fragen sie nicht mehr die Leute, ob sie den Ort kennen, sondern nach Tante Helena. Es ist sehr schwierig, denn die engen Gassen mit den notdürftigen Hütten sind eine Art Labyrinth. Die Menschen sind sehr neugierig, aber auch sehr hilfsbereit. Es gibt immer jemanden, der jemanden kennt, der helfen kann, also geht die Suche weiter. Joel fühlt sich wohl.

Und plötzlich steht das Paar Joels vor Tante Helena. Sie erkennt sofort den jungen Mann. Er scheint aus einer anderen Welt zu kommen, aber sie kennt seine Augen.

„Joel!" Die Dame umarmt den Jungen fest, und beide fangen an zu weinen.

Die ganze Nacht lang erzählt Tante Helena Luisa und Joel von den Erlebnissen ihres Neffen, als er ein Kind war. Sie trinken Tee am Feuer, und Helena bereitet ihnen Yassa zu, ein würziges Gericht mit Zwiebel, Huhn und Zitrone. Natürlich kennt Joel das Gericht. Seine Eltern kochen es normalerweise in ihrer Wohnung in Lissabon. Joel ist sehr glücklich und erlebt ein Wechselbad der Gefühle. Luisa ist nicht nur beeindruckt von dem, was sie über die Kultur des Landes lernt, sondern auch davon, dass sie mittendrin ist und diese aufregende Erfahrung mit der Liebe ihres Lebens teilen kann.

Conto 4: Sara no táxi em Luanda, Angola

Angola é um país africano em grande crescimento económico. Infelizmente, este crescimento é reservado apenas para algumas pessoas e a maioria da população vive na pobreza. Vivem mais de 25 milhões de pessoas em Angola. Na capital - Luanda -, que está situada diretamente em contacto com o Oceano Atlântico, vivem quase 7 milhões de pessoas. No entanto, muitas pessoas não estão registadas, pelo que podem mesmo lá viver 10 milhões de pessoas. O país possui recursos minerais, como petróleo, diamantes e outros, mas nenhuma destas riquezas está ao alcance da maioria da população. Luanda tornou-se uma das cidades mais caras do mundo em termos de custo de vida, excluindo ainda mais a população pobre. Verificou-se um aumento exponencial da construção de edifícios de empresas da China e Portugal. Angola tornou-se independente de Portugal em 1975, mas o português continua a ser a língua oficial. Apesar do estabelecimento da língua no país ter resultado de um processo impositivo (durante o Estado Novo, os angolanos tinham de provar que sabiam ler, escrever e falar em português), o português foi adotado como língua de comunicação em Angola.

Em Angola, a língua portuguesa sofreu algumas alterações que resultaram da influência de outros idiomas locais, adquirindo assim um caráter próprio. Por exemplo: camba (que provém de *dikamba*, que significa "amigo"), cota (que provém de *dikota*, que significa "mais velho"), caçula (que provém de *kasule*, que significa "o filho mais novo"), batuque, xingar, missanga, entre outras expressões. Relativamente ao sotaque, o português de Angola é muito diferente do português europeu e do português do Brasil. Muitos dos sons abertos em Portugal e no Brasil são fechados em Angola. Por exemplo, "troféu" diz-se *trofêu*.

A Sara é a gerente de um hotel no Porto, em Portugal, e o seu hotel tem um novo projeto em Luanda. Hoje, a Sara vai apanhar um avião para Angola e é a primeira vez que ela visita o país, e até o continente africano. Vai sozinha para lá ficar durante 3 meses. O marido e o filho ficam no Porto. Está muito nervosa e preparou-se para a viagem durante várias semanas. *Será que vai correr bem? Felizmente consigo comunicar lá.*

Depois de um voo de 7 horas com partida de Lisboa, a Sara chega ao aeroporto de Luanda ao final da tarde. O aeroporto é bastante moderno e bem organizado. Não imaginava que fosse assim. No entanto, está satisfeita por saber que a vão buscar ao aeroporto e que não terá de se preocupar com mais nada. O gerente do hotel enviou um táxi para a ir buscar e o taxista está à sua espera no átrio com um cartaz com o seu nome. Ela entra no átrio e olha para o taxista com alívio.

A caminho do hotel, o taxista não conversa muito com ela. Atravessam diferentes zonas de Luanda. O contraste entre a pobreza e a riqueza é absurdo. Mas a pobreza claramente supera a riqueza e há muito lixo na berma das estradas. De repente, é libertada dos seus pensamentos: o táxi para no meio da rua numa zona pobre.

– O que se passa? – Pergunta a Sara, um pouco assustada.

– Uma avaria! – Responde o taxista, com uma expressão de aborrecimento.

O taxista sai do carro e passa meia hora debaixo do capô do táxi a tentar resolver o problema, mas sem sucesso. Acaba por se apresentar:

– Sou o João, a propósito. Lamento, o táxi avariou.

A Sara não quer acreditar. *E agora?* Subitamente, um grupo de jovens aproxima-se na direção da Sara e do João. Têm uma aparência pobre e a Sara fica com receio. As suas roupas estão empoeiradas e gastas e alguns estão mesmo descalços. Mas o pequeno grupo quer apenas ajudar. A Sara fica satisfeita com o espírito prestável dos jovens e a sua alegria de viver impressiona-a. Sorriem o tempo todo. Os seus olhos são grandes e cheios de vida e os sorrisos simplesmente contagiantes. Os jovens empurram o táxi, que arranca para dar continuidade à viagem. A Sara agradece-lhes entrando rapidamente no táxi e tira o braço pela janela do carro para lhes agradecer de novo com um aceno. Os jovens devolvem o aceno com muito entusiasmo. *Que povo tão simpático,* pensa a Sara.

O João está agora mais falador e a Sara aproveita para lhe colocar uma pergunta:

– Estes rapazes não deviam estar na escola?

– Muitas crianças abandonam a escola para ajudar os pais e a família a arranjar alimentos para saciarem a fome. E não há muita motivação, na verdade. A escola não é um lugar agradável para se estar. Não há água nem casas de banho, não há cantinas ou bibliotecas ou campos desportivos.

O táxi percorre as ruas cobertas de poeira que são substituídas por largas avenidas de alcatrão cercadas por vertiginosos edifícios de vidro. O seu hotel seria um deles. A Sara desabafa:

– Há mesmo muita desigualdade em Angola.

– É verdade. A Angola é muito rica, mas os angolanos são muito pobres. – É o comentário do

João.

No final da viagem, a Sara sai do táxi numa rua muito movimentada e fica com o número do taxista. O hotel é outro mundo artificial. Ainda está em construção, mas a enorme piscina e as diversas esplanadas já estão terminadas e o luxo é visível. A Sara vive aqui numa zona rica cujo estilo de vida não está sequer ao alcance dos portugueses. Os preços nos supermercados, restaurantes e o preço dos apartamentos e restante alojamento são exorbitantes.

A Sara desfruta do seu novo estilo de vida, mas não consegue esquecer os miúdos que a salvaram no dia de chegada àquele país tão cativante. Não lhe saem da cabeça e, passadas duas semanas, a Sara telefona ao João e regressam juntos ao lugar onde sofreram a avaria. Procuram os jovens que os ajudaram e encontram-nos meia hora depois. Eles vivem naquele distrito pobre em barracas antigas e frágeis. A Sara falou com o seu patrão para oferecer-lhes emprego no hotel. A notícia é recebida com muito espanto e alegria e os jovens aceitam a oferta, deixando a Sara muito feliz e comovida.

Perguntas:

1. Em que país de África se desenrola a história?
   a) África do Sul
   b) Moçambique
   c) Angola
   d) São Tomé e Príncipe

2. O que acontece ao táxi?
   a) Avaria
   b) Fura um pneu
   c) Fica sem travões
   d) Não acontece nada

3. Quem ajuda a o taxista a resolver o problema?
   a) Um grupo de jovens
   b) O mecânico
   c) Outro taxista
   d) O gerente do hotel

4. O que afasta as crianças da escola em Angola?
   a) A falta de transportes
   b) O ensino de má qualidade
   c) As doenças
   d) A fome

5. O que oferece a Sara aos jovens?
   a) Comida
   b) Emprego
   c) Um táxi
   d) Dinheiro

Geschichte 4: Sara in einem Taxi in Luanda, Angola

Angola ist ein afrikanisches Land mit großem Wirtschaftswachstum. Leider ist dieses Wachstum nur wenigen Menschen vorbehalten, und die Mehrheit der Bevölkerung lebt in Armut. In Angola leben über 25 Millionen Menschen. Fast 7 Millionen Menschen leben in der Hauptstadt Luanda, die direkt am Atlantischen Ozean liegt. Viele Menschen sind jedoch nicht gemeldet, so dass dort sogar 10 Millionen Menschen leben könnten. Das Land verfügt über Bodenschätze wie unter anderem Öl und Diamanten, aber von diesem Reichtum ist die Mehrheit der Bevölkerung ausgeschlossen. Luanda ist zu einer der teuersten Städte der Welt geworden, was die Lebenshaltungskosten betrifft und grenzt damit die arme Bevölkerung so weiter aus. Der Bau von Firmengebäuden aus China und Portugal hat exponentiell zugenommen. Angola wurde 1975 von Portugal unabhängig, aber Portugiesisch blieb die offizielle Sprache. Obwohl die Etablierung der Sprache im Land das Ergebnis eines aufwendigen Prozesses war (während der Staatsgründung mussten die Angolaner beweisen, dass sie Portugiesisch lesen, schreiben und sprechen konnten), wurde Portugiesisch als Kommunikationssprache in Angola übernommen.

In Angola erfuhr die portugiesische Sprache durch den Einfluss anderer lokaler Sprachen einige Veränderungen und erhielt einen eigenen Charakter.

Zum Beispiel: camba (kommt von dikamba, was „Freund" bedeutet), cota (kommt von dikota, was „älter" bedeutet), caçula (kommt von kasule, was „der jüngste Sohn" bedeutet), batuque, xingar, missanga und viele andere Ausdrücke. Was den Akzent betrifft, so unterscheidet sich das Portugiesisch aus Angola stark vom europäischen Portugiesisch und dem Portugiesisch aus Brasilien. Viele der offenen Töne in Portugal und Brasilien sind in Angola geschlossen. Zum Beispiel wird „troféu" als „trofêu" ausgesprochen.

Sara ist die Managerin eines Hotels in Porto, Portugal, und ihr Hotel hat ein neues Projekt in Luanda. Heute nimmt Sara ein Flugzeug nach Angola, und es ist ihr erster Besuch in diesem Land und sogar der erste auf dem afrikanischen Kontinent. Sie wird dort 3 Monate lang allein bleiben. Ihr Mann und ihr Sohn bleiben in Porto. Sie ist sehr nervös und hat sich seit mehreren Wochen auf die Reise vorbereitet. „Wird es gut gehen? Zum Glück kann ich mich dort unterhalten."

Nach einem 7-stündigen Flug von Lissabon kommt Sara am späten Nachmittag am Flughafen in Luanda an. Der Flughafen ist sehr modern und gut organisiert. Sie hat sich das nicht so vorgestellt. Sie ist jedoch froh zu wissen, dass sie vom Flughafen abgeholt wird und dass sie sich um nichts anderes kümmern muss. Der Hotelmanager schickte ein Taxi, um sie abzuholen, und der Taxifahrer wartet in der Lobby auf sie mit einem Schild mit ihrem Namen darauf. Sie betritt die Lobby und sieht den Taxifahrer erleichtert an.

Auf dem Weg zum Hotel spricht der Taxifahrer nicht viel mit ihr. Sie durchqueren verschiedene Gebiete von Luanda. Der Gegensatz zwischen Armut und Reichtum ist absurd. Aber die Armut überwiegt eindeutig den Reichtum, und am Straßenrand liegt eine Menge Müll. Plötzlich wird sie aus ihren Gedanken gerissen: Das Taxi hält mitten auf der Straße in einem Armenviertel.

„Was ist los?“, fragt Sara ein wenig verängstigt.

„Eine Panne!“ Der Taxifahrer antwortet mit einem Ausdruck der Verärgerung.

Der Taxifahrer steigt aus dem Auto aus und verbringt eine halbe Stunde unter der Motorhaube des Taxis und versucht, das Problem zu lösen, aber ohne Erfolg. Er taucht auf, um sich vorzustellen:

„Übrigens, ich bin João. Tut mir leid, das Taxi ist kaputt gegangen.“

Sara will es nicht glauben. Und was jetzt? Eine Gruppe junger Menschen nähert sich plötzlich Sara und João. Sie sehen arm aus, und Sara bekommt Angst. Ihre Kleidung ist staubig und abgenutzt, und einige sind tatsächlich barfuß. Aber die kleine Gruppe will nur helfen. Sara ist von der hilfsbereiten Einstellung der jungen Menschen begeistert, und ihre Lebensfreude beeindruckt sie. Sie lächeln die ganze Zeit. Ihre Augen sind groß und voller Leben, und das Lächeln ist sehr ansteckend. Die Jugendlichen schieben das Taxi, das startet und weiterfahren kann. Sara bedankt sich bei ihnen, während sie schnell in das Taxi steigt und ihren Arm aus dem Autofenster hält, um sich nochmals mit einem Winken zu bedanken. Die jungen Leute erwidern das Winken mit großer Begeisterung. Was für nette Menschen, denkt Sara.

João ist jetzt gesprächiger, und Sara nutzt die Gelegenheit, um ihm eine Frage zu stellen:

„Sollten diese Jungen nicht in der Schule sein?“

„Viele Kinder brechen die Schule ab, um ihren Eltern und ihrer Familie zu helfen, Nahrung zu bekommen, um ihren Hunger zu stillen. Und ist nicht wirklich viel Motivation da. Die Schule ist kein angenehmer Ort. Es gibt kein Wasser und keine Toiletten, keine Kantinen, Bibliotheken oder Sportplätze.

Das Taxi fährt durch staubige Straßen, die schließlich durch breite asphaltierte Alleen ersetzt werden, die von schwindelerregenden Glasgebäuden umgeben sind. Ihr Hotel wird eines davon sein. Sara fährt berührt fort:

„Die Ungleichheit in Angola ist wirklich sehr groß.“

„Das ist wahr. Angola ist sehr reich, aber die

Angolaner sind sehr arm." Das ist der Kommentar von João.

Am Ende der Fahrt steigt Sara an einer stark befahrenen Straße aus dem Taxi aus und merkt sich die Nummer des Taxifahrers. Das Hotel ist eine andere künstliche Welt. Es ist noch im Bau, aber der riesige Swimmingpool und mehrere Terrassen sind bereits fertiggestellt, und der Luxus ist schon sichtbar. Sara lebt hier in einer reichen Gegend, in der der Lebensstil nicht einmal für Portugiesen üblich ist. Die Preise in Supermärkten, Restaurants und die Preise für Wohnungen und andere Unterkünfte sind exorbitant.

Sara genießt den neuen Lebensstil, kann aber die Kinder nicht vergessen, die sie an dem Tag gerettet haben, als sie in diesem faszinierenden Land ankam. Sie gehen ihr nicht aus dem Kopf, und nach zwei Wochen ruft Sara João an, und sie kehren gemeinsam an den Ort zurück, an dem sie die Autopanne gehabt haben. Sie suchen nach den Jugendlichen, die ihnen geholfen haben und finden sie etwa eine halbe Stunde später. Sie leben in diesem Armenviertel in alten und zerbrechlichen Hütten. Sara hat mit ihrem Chef gesprochen, um ihnen einen Job im Hotel anzubieten. Die Nachricht wird mit großer Verwunderung und Freude aufgenommen, und die jungen Leute nehmen das Angebot an, so dass Sara sehr glücklich und berührt ist.

Conto 5: O Óscar e o seu pequeno café em São Paulo (Brasil)

Óscar poupou algum dinheiro para abrir um café numa das maiores cidades do mundo. Na cidade onde nasceu, São Paulo. Concretizou o seu sonho e o café está a ser um sucesso no bairro nobre de Vila Olímpia. Tem muitos clientes e os turistas também o procuram.

São Paulo é uma cidade muito internacional, especialmente no sector da restauração, que é famoso em todo o mundo. Sejam restaurantes portugueses, tailandeses, italianos, alemães, japoneses ou orientais. Aqui é possível encontrar algo para todos, mas claro que sempre com um leve toque brasileiro.

Os arranha-céus de São Paulo são impressionantes. É claro que a cidade também precisa de enfrentar o problema da diferença entre ricos e pobres. Os habitantes de apartamentos chiques e os moradores das favelas vivem na mesma cidade e a desigualdade causa tensões sociais. Como resultado, existem distritos protegidos para pessoas ricas e muitas precauções de segurança.

No distrito de Vila Olímpia, o Óscar não sente muito os problemas da cidade. É uma zona muito pacífica. Ele adora preparar café para os seus clientes. O café que o Óscar prepara é feito a partir dos grãos de café frescos do Brasil. Os clientes adoram estar no seu café e beber um cafezinho, a versão brasileira de um café expresso. O pão de queijo é outra das especialidades do Óscar e uma iguaria típica brasileira. O sumo de laranja também é muito consumido, especialmente ao pequeno-almoço (ou *café da manhã,* como se diz no Brasil). O chá também é servido nas cafetarias. O Óscar também serve tapioca recheada de goiabada e essa é uma das suas especialidades que os seus clientes apreciam muito.

Para o Óscar, trabalhar no café não é propriamente trabalho. Tem a oportunidade de conversar com pessoas simpáticas e pode perseguir a sua paixão de criar as suas deliciosas iguarias.

Todos os dias, uma senhora idosa visita o seu estabelecimento. O seu nome é Érica. O Óscar guarda aquela senhora com muito carinho no seu coração. A velha senhora já lhe deu um pouco de sabedoria. Por exemplo, disse-lhe que não vale a pena viver a vida stressado. Se adoecer devido ao stress, então muitas outras coisas já estão estragadas. O melhor é viver a vida com tranquilidade. Por isso, o Óscar queria oferecer um café à Érica. Mas a velha senhora insiste sempre em pagar. O Óscar fica feliz sempre que a idosa o visita.

– Aproveite a vida, Óscar, não deixe que o trabalho domine sua vida. – Diz a senhora. – Meu marido sempre trabalhou. Então ele ficou doente e percebeu que era tarde demais para aproveitar a vida. Ele percebeu quando adoeceu, que trabalhou a vida toda e que não fazia mais nada. Não temos muito no Brasil, mas temos de ficar satisfeitos com pouco.

– A vantagem é que o café não é trabalho para mim, é minha paixão. Estou muito feliz e as vendas também são boas. Na semana passada, um investidor me ofereceu um negócio, mas não quero me prolongar. Eu estava pensando em você, Érica, quando eu recusei a proposta. Quero manter o café assim como está. Um pequeno café brasileiro e nenhuma empresa de franquia. Quero poder continuar a acordar feliz de manhã cedo. Você e os seus conselhos me ajudaram a recusar a proposta do investidor, Érica. Por favor, posso oferecer a você um café hoje?

– Não, garoto, você não precisa pagar. Eu quero pagar meu café. Fez muito bem em recusar. O dinheiro não é tudo se você não tiver tempo para o gastar. A felicidade não pode ser comprada.

A senhora abandona o estabelecimento e o Óscar fica a questionar-se por que ela nunca o deixa oferecer-lhe um café. Ele só quer mostrar um pouco de gratidão. O conselho da senhora deixou-o muito satisfeito. À noite, ele deita-se na cama no seu apartamento ao lado da namorada, que também é de São Paulo e trabalha numa empresa de informática. Ela não pode atrasar-se para ir trabalhar.

O Óscar tem uma ideia. Na manhã seguinte, ele abre o café e escreve algo no quadro-negro no exterior. Por fim, a velha senhora chega. O Óscar cumprimenta a amiga com amabilidade. Claro, ela pede o seu café. O Óscar conversa um pouco com ela sobre São Paulo e sobre o Carnaval, que está aí à porta.

O Carnaval é um dos eventos populares mais importantes do Brasil. É uma festividade semelhante à que acontece no Rio de Janeiro. O principal desfile decorre no Sambódromo do Anhembi, onde participam as melhores escolas de samba da cidade. Os habitantes envolvem-se na criação de disfarces e de carros alegóricos das escolas de samba e dos desfiles que são organizados por toda a cidade. Os dias principais do Carnaval são a sexta-feira e o sábado.

Depois de acabar de tomar o café e conversar com o Óscar, a senhora quer pagar o seu café.

– O café fica por conta da casa hoje. – Diz o Óscar com uma expressão séria no rosto.

– Boa tentativa, garoto, mas eu quero pagar. – Responde a mulher.

– O café é gratuito para todos. – O Óscar aponta com o dedo para o quadro-negro no exterior. – A caixa registradora está fechada hoje. Não trouxe chave.

Não há nada mais que a senhora possa dizer ou fazer. Ela sorri para o Óscar do fundo do seu coração e o Óscar responde com um sorriso carinhoso. O Óscar regressa a casa muito satisfeito nessa noite. Finalmente conseguiu concretizar o seu desejo de pagar um café àquela doce senhora.

Perguntas:

1. Em que bairro de São Paulo decorre a história?
   a) Vila Nova Conceição
   b) Vila Olímpia
   c) Vila Uberabinha
   d) Indianópolis

2. Qual é uma das especialidades do Óscar?
   a) Tapioca com mel
   b) Pastel de nata
   c) Pão de queijo
   d) Sumo de laranja

3. O que é que o Óscar quer oferecer à dona Érica?
   a) Pão de queijo
   b) Sumo de laranja
   c) Chocolate
   d) Café

4. Que conselho deu a Érica ao Óscar?
   a) Não deixar que o trabalho domine a vida
   b) Nunca aceitar café grátis
   c) Aproveitar a vida noturna
   d) Não deixar de sorrir

5. Onde se realiza o Carnaval de São Paulo?
   a) Sambódromo da Marquês de Sapucaí
   b) Sambódromo do Anhembi
   c) Sambódromo de Gualeguaychú
   d) Sambódromo do Parque da Estação

Geschichte 5: Oscar und sein kleines Café in São Paulo

Oscar sparte etwas Geld, um ein Café in einer der größten Städte der Welt zu eröffnen. In der Stadt, in der er geboren wurde, São Paulo. Er hat sich damit seinen Traum erfüllt, und das Café ist im Nobelviertel Vila Olímpia ein Erfolg. Er hat viele Kunden, und auch die Touristen besuchen ihn.

São Paulo ist eine sehr internationale Stadt, vor allem die gastronomische Vielfalt ist in der ganzen Welt berühmt. Es gibt portugiesische, thailändische, italienische, deutsche, japanische oder orientalische Restaurants. Hier findet man für jeden etwas, natürlich immer mit einem leichten brasilianischen Touch.

Die Wolkenkratzer von São Paulo sind beeindruckend. Natürlich muss sich die Stadt auch mit dem Problem der sozialen Kluft zwischen Arm und Reich auseinandersetzen. Die Bewohner der schicken Wohnungen und die Favela-Bewohner leben in derselben Stadt, und die Ungleichheit verursacht soziale Spannungen. Infolgedessen gibt es geschützte Bezirke für reiche Leute und viele Sicherheitsvorkehrungen.

Im Stadtteil Vila Olímpia bekommt Oscar nicht viel von den Problemen der Stadt mit. Es ist eine sehr friedliche Gegend. Er liebt es, Kaffee für seine Gäste zuzubereiten. Der Kaffee, den Óscar zubereitet, wird aus frischen brasilianischen Kaffeebohnen hergestellt. Die Kunden lieben es, in seinem Café zu sein und einen Cafezinho zu trinken, die brasilianische Version eines Espressos. Pão de queijo (Brotbällchen aus Käse und Maniokstärke) ist eine weitere Spezialität von Óscar und eine typisch brasilianische Delikatesse. Auch Orangensaft ist weit verbreitet, insbesondere zum Frühstück (oder Café da Manhã, wie man in Brasilien das Frühstück nennt). In den Cafés wird auch Tee serviert. Óscar serviert auch tapioca recheada de goiaba (eine gummiartige Teigtasche mit Guave), was eine seiner weiteren Spezialitäten ist, die seine Kunden sehr schätzen.

Die Arbeit im Café fühlt sich für Oscar nicht wie Arbeit an. Er hat die Möglichkeit, sich mit netten Leuten zu unterhalten und kann seiner Leidenschaft nachgehen, seine köstlichen Delikatessen zuzubereiten.

Jeden Tag besucht eine alte Dame sein Geschäft. Ihr Name ist Erica. Oscar empfindet für diese Dame große Zuneigung. Die alte Dame hat ihm ein wenig Weisheit eingeflößt. Sie hat ihm zum Beispiel gesagt, dass es sich nicht lohnt, ein gestresstes Leben zu führen. Wenn man vom Stress krank wird, dann ruiniert man sich auch viele andere Dinge. Am besten ist es, ein ruhiges Leben zu führen. Dafür wollte Oscar Erica einen Kaffee anbieten. Aber die alte Dame besteht immer darauf, selbst zu bezahlen. Oscar freut sich immer, wenn die alte Dame ihn besucht.

„Genieß das Leben, Oscar. Lass nicht zu, dass die Arbeit dein Leben dominiert.“, sagt die Dame. „Mein Mann hat immer gearbeitet. Dann wurde er krank und merkte, dass es zu spät war, das Leben zu genießen. Als er krank wurde, merkte er, dass er sein ganzes Leben lang arbeitete und nichts anderes tat. Wir haben nicht viel in Brasilien, aber wir können uns mit wenig zufrieden geben.“

„Der Vorteil ist, dass das Café für mich keine Arbeit ist, sondern meine Leidenschaft. Ich bin sehr zufrieden, und die Verkäufe sind auch gut. Letzte Woche bot mir ein Investor einen Deal an, aber ich will mich nicht vergrößern. Ich habe an Sie gedacht, Erica, als ich das Angebot abgelehnt habe. Ich möchte das Café so lassen, wie es ist. Es ist ein kleines brasilianischen Café und kein Franchise-Unternehmen. Ich möchte weiterhin früh am Morgen glücklich aufwachen. Sie und Ihr Rat haben mir geholfen, das Angebot des Investors abzulehnen, Erica. Bitte, darf ich Ihnen heute einen Kaffee ausgeben?“

„Nein, Junge, du musst nicht bezahlen. Ich möchte meinen Kaffee bezahlen. Es war richtig abzulehnen. Geld ist nicht alles, wenn man keine Zeit hat, es auszugeben. Glück kann man nicht kaufen.“

Die Dame verlässt das Lokal und Oscar fragt sich, warum sie sich von ihm nie einen Kaffee ausgeben lässt. Er möchte nur ein wenig Dankbarkeit zeigen. Der Rat der Dame machte ihn sehr zufrieden. Nachts liegt er im Bett in seiner Wohnung neben seiner Freundin, die ebenfalls aus São Paulo stammt und für eine Computerfirma arbeitet. Sie darf nie zu spät zur Arbeit kommen.

Oscar hat eine Idee. Am nächsten Morgen öffnet er sein Café und schreibt etwas an die Tafel draußen. Endlich betritt die alte Dame das Café. Oscar grüßt seine Bekannte freundlich. Natürlich bestellt sie ihren Kaffee. Oscar spricht mit ihr ein wenig über São Paulo und über den Karneval, der vor der Tür steht.

Der Karneval ist eine der wichtigsten kulturellen Veranstaltungen in Brasilien. Es ist ein ähnliches Festival wie das in Rio de Janeiro. Die Hauptparade findet in der Tribünenstraße Sambódromo de Anhembi statt, an der die besten Sambaschulen der Stadt teilnehmen. Die Einwohner beteiligen sich an der Gestaltung von Kostümen und Wagen der Sambaschulen und -paraden, die in der ganzen Stadt organisiert werden. Die Haupttage des Karnevals sind Freitag und Samstag.

Nachdem sie ihren Kaffee ausgetrunken und mit Oscar gesprochen hat, möchte die Dame den Kaffee bezahlen.

„Der Kaffee geht heute aufs Haus.", sagt Oscar mit einem ernsten Gesichtsausdruck.

„Netter Versuch, Junge, aber ich möchte bezahlen.", antwortet die Dame.

„Der Kaffee ist für alle kostenlos." Oscar zeigt mit dem Finger auf die draußen aufgestellte Tafel. Die Kasse ist heute geschlossen. Ich habe keinen Schlüssel dabei.

Die Dame kann nichts mehr sagen oder machen. Sie lächelt Oscar aus tiefstem Herzen an, und Oscar antwortet mit einem herzlichen Lächeln zurück. Oscar kommt an diesem Abend sehr zufrieden nach Hause. Schließlich hat er sich den Wunsch erfüllt, der reizenden Dame einen Kaffee auszugeben.

Conto 6: Suzanna, a mulher que desfruta da sua vida em Cabo Verde

Os habitantes de Cabo Verde têm uma cultura mista. Este arquipélago vulcânico situa-se na zona oeste da África, no Oceano Atlântico. É um país estável que foi, em tempos, uma colónia portuguesa. A mistura das culturas portuguesa e africana é típica das antigas colónias. Antigamente, as ilhas eram uma paragem para o transporte de escravos para a América. Hoje, as ilhas são pacíficas, interculturais e turísticas. O clima é sempre maravilhoso e as praias são únicas. Para aceder às ilhas vizinhas, ter-se-á de atravessar o Oceano Atlântico. As danças tradicionais são: o batuque e o funaná, a morna e a coladeira. Cabo Verde tem cerca de 500 mil habitantes, o equivalente a uma cidade média em Portugal. Muitos cabo-verdianos vivem em Portugal e a sua comunidade é bastante grande no país.

Suzanna é a proprietária de uma pequena loja. Lá fala-se português. Mas é também falada a segunda língua não oficial: o crioulo das ilhas cabo-verdianas. É tradicionalmente uma língua oral, tendo-lhe sido atribuída uma grafia oficial apenas recentemente. Em termos de fonologia, no crioulo de Cabo Verde existem oito vogais orais e oito nasais, enquanto no português temos apenas cinco vogais nasais. Estas encontram-se no crioulo em palavras como "bránku", "ténpu" ou "ónbru". O crioulo tem regras próprias. A ordem das frases é diferente do português. Por exemplo, diz-se "N da minina un bonéka" em vez de "Eu dei uma boneca à menina". Esta é a língua materna de quase toda a população de Cabo Verde e é fortemente baseada no português. Contudo, nas ruas, nas lojas, nos livros escolares, é o português clássico que impera.

A Suzanna é uma jovem mulher na casa dos 30 que tem uma pequena loja na cidade da Praia, a capital de Cabo Verde. É uma zona muito visitada por turistas e locais, mas o estilo de vida aqui é muito calmo. A Praia exporta café, cana-de-açúcar e frutas tropicais através do seu porto comercial. O comércio de peixe também é muito relevante. O clima é muito árido e quase não chove por aqui.

A Suzanna está sentada numa cadeira de plástico na parte da frente da loja e vê as pessoas a passar. De vez em quando, um turista aparece para comprar um gelado ou uma bebida. Subitamente, um homem mais velho, aparentemente um turista de Portugal, aproxima-se e pede algo para comer. A Suzanna confeciona cachupa todos os dias. Este é o prato nacional de Cabo Verde. É um guisado com diferentes vegetais que é consumido pelos locais em diferentes versões: apenas com puré de legumes, cebola, banana, batata-doce, abóbora, tomate ou ainda carne ou peixe. A Suzanna confeciona sempre a versão vegetariana do prato, que serve ao cavalheiro português. O homem diz:

– Lamento, mas eu não queria isso. Prefiro um cachorro-quente.

A Suzanna responde:

– Então vai ter de procurar outro sítio para comer, porque nesta zona apenas se serve cachupa.

O homem fica um pouco aborrecido com a situação, mas acaba por dizer:

– Está bem, eu provo um pouco de cachupa.

O homem senta-se numa das cadeiras da loja e come a refeição servida pela Suzanna. Pouco tempo depois, com o prato vazio, o homem despede-se e não diz mais nada. A Suzanna fica sem saber se ele gostou. Não conseguiu ler sequer as expressões faciais do homem e ele simplesmente nada lhe disse. A Suzanna ficou um pouco triste e pensou no sucedido todo o dia. Até se enganou a servir os gelados que os clientes lhe pediram ao longo do dia de tão distraída que estava.

– Menina Suzanna, o que tem hoje? – Pergunta uma senhora idosa que por ali passava diariamente e com quem travara amizade.

– Oh, não é nada. Não se preocupe. Estou só com a cabeça noutro sítio.

– Há dias assim, mas não fique a matutar em coisas sem importância. O dia está tão bonito hoje e não faltam turistas por aqui!

As mulheres despedem-se e a Suzanna tenta seguir o conselho da idosa e apreciar a leve brisa que se fazia sentir naquele dia.

No dia seguinte, tudo corre como de costume. A Suzanna está sentada de novo na sua cadeira de plástico na parte da frente da sua loja e, à hora do almoço, ela vê o homem novamente do outro lado da rua. Quase esteve para levantar-se e confrontá-lo, mas ela viu que o homem vinha direto na direção da sua loja. A Suzanna levanta-se da cadeira, num salto, e cruza os braços com um ar austero. *Se pedir novamente um cachorro-quente, mando-o dar uma volta!*

– Por favor, a cachupa novamente. Nunca comi nada tão delicioso na minha vida.

A Suzanna fica com uma expressão de espanto e atrapalha-se um pouco.

– Si… sim, claro. Sente-se, por favor.

A jovem entra na loja de sorriso no rosto. Está muito feliz e serve uma porção extra grande àquele turista que quase a fez duvidar das suas qualidades culinárias. O homem agradece, deixa uma gorjeta avultada e promete voltar no dia seguinte.

Perguntas:

1. Qual a capital do arquipélago de Cabo Verde?
   a) Santa Cruz
   b) Tarrafal
   c) Praia
   d) Santa Catarina

2. O crioulo de Cabo Verde tem por base que língua?
   a) Inglês
   b) Nenhuma língua
   c) Português
   d) Francês

3. Como se chama a comida típica de Cabo Verde?
   a) Funge
   b) Cachupa
   c) Xiguinha
   d) Cachorro-quente

4. Qual das seguintes atividades não é relevante em Cabo Verde?
   a) Produção de cana de açúcar
   b) Indústria pesqueira
   c) Comércio de frutas exóticas
   d) Construção civil

5. O homem voltou à loja da Suzanna para consumir o quê?
   a) Frutas exóticas
   b) Cachorro-quente
   c) Gelado
   d) Cachupa

Geschichte 6: Suzanna, die Frau, die ihr Leben in Kap Verde genießt

Die Einwohner von Kap Verde haben eine vielseitige Kultur. Diese vulkanische Inselgruppe befindet sich im westlichen Teil Afrikas, im Atlantischen Ozean. Es ist ein stabiles Land, das einst eine portugiesische Kolonie war. Die Mischung aus portugiesischer und afrikanischer Kultur ist typisch für diese ehemaligen Kolonien. In der Vergangenheit waren die Inseln eine Zwischenstation für den Transport von Sklaven nach Amerika. Heute sind die Inseln friedlich, interkulturell und touristisch erschlossen. Das Klima ist immer wunderbar, und die Strände sind einzigartig. Um die benachbarten Inseln zu erreichen, muss man den Atlantik durchqueren. Die traditionellen Tänze sind: der Batuque und der Funaná, der Morna und der Coladeira. Kap Verde hat etwa 500.000 Einwohner, was der Anzahl einer durchschnittlichen Stadt in Portugal entspricht. Viele Kapverdier leben in Portugal, und ihre Gemeinschaft im Land ist ziemlich stark.

Suzanna besitzt ein kleines Geschäft. Dort wird Portugiesisch gesprochen. Aber auch die zweite inoffizielle Sprache wird gesprochen: das kapverdische Kreolisch. Es handelt sich um eine traditionell gesprochene Sprache, die erst vor kurzem eine offizielle Schreibweise erhalten hat. Was die Phonologie betrifft, so gibt es im kapverdischen Kreolisch acht orale Vokale und acht nasale Vokale, während wir im Portugiesischen nur fünf nasale Vokale haben. Diese finden sich auf Kreolisch in Wörtern wie „bránku", „ténpu" oder „ónbru". Kreolisch hat seine eigenen Regeln. Die Reihenfolge der Sätze (bzw. Wörter) ist anders als im Portugiesischen. Sie sagen zum Beispiel „N da minina un bonéka" anstelle von „Eu dei uma boneca à menina". Es ist die Muttersprache von fast der gesamten kapverdischen Bevölkerung und basiert stark auf dem Portugiesischen. Doch auf den Straßen, in den Geschäften, in den Schulbüchern findet man das klassische Portugiesisch.

Suzanna ist eine junge Frau in den 30er Jahren, die einen kleinen Laden in der Stadt Praia, der Hauptstadt der Kapverden, hat. Der Ort wird häufig von Touristen und Einheimischen besucht, dennoch ist die Lebensweise hier sehr ruhig. Praia exportiert Kaffee, Zuckerrohr und tropische Früchte über seinen Handelshafen. Der Fischhandel ist ebenfalls sehr wichtig. Das Klima ist sehr trocken, es regnet hier kaum.

Suzanna sitzt auf einem Plastikstuhl vor dem Laden und beobachtet die vorbeigehenden Menschen. Ab und zu taucht ein Tourist auf, um ein Eis oder ein Getränk zu kaufen. Plötzlich nähert sich ein älterer Mann, anscheinend ein Tourist aus Portugal, und fragt nach etwas zum Essen. Suzanna macht jeden Tag Cachupa. Das ist das Nationalgericht der Kapverden. Es ist ein

Eintopf mit verschiedenen Gemüsesorten, der von den Einheimischen in verschiedenen Versionen verzehrt wird: Nur mit Gemüsepüree, Zwiebel, Banane, Süßkartoffel, Kürbis, Tomate oder auch mit Fleisch oder Fisch. Suzanna macht immer die vegetarische Version des Gerichts, das sie dem portugiesischen Herrn anbietet. Der Mann sagt:

„Es tut mir leid, aber das wollte ich nicht. Ich hätte lieber einen Hot Dog."

Suzanna antwortet:

„Dann müssen Sie sich einen anderen Ort zum Essen suchen, denn in dieser Gegend wird nur Cachupa angeboten."

Der Mann regt sich ein wenig über die Umstände auf, aber am Ende sagt er:

„Okay, ich werde ein bisschen Cachupa probieren."

Der Mann setzt sich auf einen der Stühle im Laden und isst die von Suzanna servierte Mahlzeit. Bald darauf, mit leerem Teller, verabschiedet sich der Mann und sagt nichts weiter. Suzanna weiß nicht, ob es ihm geschmeckt hat. Sie konnte nicht einmal den Gesichtsausdruck des Mannes lesen, er sagte einfach nichts zu ihr. Suzanna wurde ein wenig traurig und dachte den ganzen Tag darüber nach, was passiert war. Sie machte sogar Fehler, als sie das Eis ausgab, das die Kunden tagsüber bestellten, da sie so abgelenkt war.

„Fräulein Suzanna, was haben Sie heute?", fragt eine alte Dame, die jeden Tag vorbeikam und mit der sie sich angefreundet hatte.

„Ach, es ist nichts. Keine Sorge, ich bin nur gerade woanders."

„Es gibt Tage wie diesen, aber verlier dich nicht in unwichtigen Dingen. Es ist so ein schöner Tag, und es gibt jede Menge Touristen!"

Die Frauen verabschieden sich und Suzanna versucht, den Rat der alten Dame zu befolgen und die leichte Brise an diesem Tag zu genießen.

Am nächsten Tag geht alles wie gewohnt weiter. Suzanna setzt sich in ihrem Plastikstuhl vor ihrem Laden, und gegen Mittag sieht sie den Mann auf der anderen Straßenseite erneut. Sie ist kurz davor aufzustehen und ihn zur Rede zu stellen, aber sie erkennt, dass der Mann direkt auf ihren Laden zukommt. Suzanna steht mit einem Satz von ihrem Stuhl auf und verschränkt die Arme mit einem strengen Blick. Wenn er noch einmal um einen Hotdog bittet, schicke ich ihn weg!

„Bitte, die Cachupa noch einmal. Ich habe noch nie in meinem Leben etwas so Köstliches gegessen."

Suzanna macht einen erstaunten Gesichtsausdruck und stottert ein wenig:

„Ja.... ja, natürlich. Setzen Sie sich bitte."

Die junge Dame geht in den Laden mit einem Lächeln im Gesicht. Sie ist sehr glücklich und serviert eine extra große Portion für diesen Touristen, der sie fast an ihren kulinarischen Qualitäten zweifeln ließ. Der Mann dankt ihr, hinterlässt ein großzügiges Trinkgeld und verspricht, am nächsten Tag wiederzukommen.

Conto 7: Dois alemães viajam de Lagos para Sagres, em Portugal

Não fui eu quem criou esta história. Foi um amigo meu da Alemanha que me contou. Falou-me das suas férias em Portugal e para mim, como portuguesa, fiquei naturalmente muito interessada em conhecer a opinião de um estrangeiro sobre Portugal. Vou contá-la do seu ponto de vista.

Eu e a minha esposa estávamos de férias em Portugal. Somos da Alemanha e queríamos descobrir este país maravilhoso. Chegámos a Lagos e encontrámos aqui um bom alojamento. Lagos é uma bela cidade do distrito de Faro, no sul de Portugal, com belos monumentos, museus e uma marina moderna. Esta cidade está historicamente associada aos Descobrimentos Portugueses, tendo sido um ponto central para estas grandes aventuras náuticas. Já conhecíamos grande parte do país e do seu povo e, naturalmente, queríamos praticar o nosso português. Estávamos a frequentar um curso de português na Alemanha numa escola de línguas e agora queríamos aprofundar o nosso conhecimento sobre a cultura portuguesa. Estávamos tão motivados para aprender que tentámos sempre falar português um com o outro durante todas as férias.

Num dia, queríamos alugar uma motoreta numa empresa de aluguer de automóveis. Experimentámos fazer o pedido – em português. Funcionou! O dono da loja entendeu-nos. Os portugueses aqui no Sul têm um sotaque um pouco diferente do sotaque dos portuguese do Centro ou Norte.

O dialeto algarvio tem semelhanças com os dialetos dos Açores, Madeira e Alentejo e até com o português do Brasil, que dá preferência ao uso do gerúndio e do pronome "a gente", em vez do pronome "nós". Além disso, é possível também verificar que os ditongos são reduzidos, sendo as palavras pronunciadas da seguinte forma: "lête" (leite), "pã" (pão),"fêjõs" (feijões); e o *o* final é suprimido: "fôg" (fogo), "amig" (amigo), "apagad" (apagado). Esta zona de Portugal também mostra diferenças bem marcadas em relação ao português padrão no que toca aos seus ditados e expressões tradicionais. Por exemplo: "açoteia" significa terraço, "cozer batata-doce" significa ressonar, "fazer meia azul" significa namorar, etc.

O dono da loja de aluguer recomendou que viajássemos para a ponta mais afastada da Europa, para uma vila chamada Sagres. É fácil aceder a esta vila de motoreta e é possível fazê-lo em menos de uma hora. A caminho, parámos para visitar as belas praias.

Ainda em Lagos, visitámos a praia Dona Ana, em tempos considerada uma das melhores praias do mundo. Depois de chegarmos ao topo da grande falésia, decidimos observar apenas a praia do cimo, aproveitando para tirar fotografias com aquela bela paisagem. Os degraus que permitem o acesso à praia perdem-se de vista, entre as rochas de grande beleza natural.

– Querido. – A minha esposa chamou-me tocando-me no braço. – A praia é bonita, mas ainda demoramos a lá chegar. Já viste as escadas que vamos ter de descer?

– A descer todos os santos ajudam! – Aproveitei a oportunidade para dizer esta expressão típica portuguesa que aprendemos no curso.

– Pois, mas no fim vamos ter de voltar a subir, sabias?

Aquele comentário da minha esposa anulou de imediato o meu momento de vaidade e dei-lhe razão. – Claro que sim, tens toda a razão. Eu peço para nos tirarem uma fotografia e seguimos caminho.

Pedimos a um casal jovem sorridente para nos tirar uma fotografia com o meu telemóvel e depois de lhes agradecer a simpatia, subimos para a pequena mota e partimos em direção a Sagres.

Parámos em Portimão e visitámos a Praia da Rocha. Uma vasta praia, com belas rochas na linha de água e um passadiço paralelo à praia que aproveitámos para percorrer a passo lento. A praia estava cheia de gente e os vendedores de bolas de Berlim – um doce tipicamente vendido nas praias portuguesas – serpenteavam entre os turistas relaxados nas toalhas. *Olha a bolinha!* –

ouvíamos eles dizer vezes e vezes sem conta.

Resolvemos dar um mergulho rápido nesta zona. A água do mar é fresca e transparente e a paisagem simplesmente deslumbrante. O mar estava calmo e dava vontade de ali ficar o dia todo, mas tínhamos muita curiosidade em conhecer Sagres e uma hora depois seguimos para lá.

Em Sagres, o calor é abrasador, mas um vento agradável sopra do mar. A Praia da Mareta está inserida na baía que nasce para leste do cabo de S. Vicente. Sentámo-nos numa mesa de esplanada e pedimos dois sumos de laranja naturais. Saboreámos o refresco e a brisa tranquila, e imaginámos os valentes navegadores portugueses a partir para terras desconhecidas.

A paisagem é muito interessante em Sagres porque a vila foi o ponto de partida de muitas viagens marítimas noutros séculos. Além disso, a Ponta de Sagres foi extremamente importante para os navegadores pois ofereceu abrigo às embarcações. Sagres é também conhecida pela Escola de Sagres, uma escola náutica que, segundo os mitos, teria sido criada no século XV pelo infante D. Henrique de Avis, também conhecido como *O Navegador*.

Em seguida, partimos para a Ponta de Sagres, o

extremo sudoeste da Europa continental. Este promontório é uma zona muito bonita, mas muito ventosa. O vento lá em cima é muito intenso, como se a natureza quisesse impor a sua força.

– Do outro lado é a América, – sorriu a minha esposa, com o cabelo a esvoaçar. – Mas não dá para ir de motoreta.

Nesta zona onde a terra acaba e o mar começa, observámos os pescadores a lançar as suas canas do cimo das grandes falésias e achámos aquela uma atividade muito perigosa, mas que suscitou a nossa fome.

No caminho de regresso, resolvemos almoçar na bela vila de Alvor. As ruas estreitas estão repletas de restaurantes com esplanadas e o cheiro a peixe grelhado preenche toda a atmosfera. Escolhemos uma das esplanadas ao acaso, e, claro, fizemos o pedido em português sem consultar o dicionário. Afinal, já nos sentíamos dois verdadeiros portugueses.

A fome apertava e mal pudemos esperar pela nossa refeição, mas logo percebemos que pedimos um prato para duas pessoas com algo que não gostamos nada: polvo. Estávamos convencidos de que *polvo* era um prato vegetariano, mas com uma breve pesquisa na Internet percebemos que estávamos enganados.

Decidimos fazer o esforço e comemos a refeição. A situação fez-nos rir à gargalhada ao longo de todo o dia. Afinal o nosso português ainda não deve ser assim tão bom. Temos de praticar mais antes de regressarmos de férias para evitar pedir polvo!

Perguntas:

1. Em que zona de Portugal se desenrola a história?
   a) Madeira
   b) Lisboa
   c) Algarve
   d) Minho
2. Que veículo aluga o casal?
   a) Caravana
   b) Bicicleta
   c) Carro
   d) Motoreta
3. Que praia o casal decide não visitar e tirar apenas uma fotografia?
   a) Praia da Roca
   b) Praia da Rocha
   c) Praia Dona Ana
   d) Praia da Mareta
4. Qual a ponta mais a sudoeste da Europa continental?
   a) Marina de Lagos
   b) Cabo de São Vicente
   c) Ponta de Sagres
   d) Praia da Mareta
5. Que refeição pede o casal no final da história?
   a) Polvo
   b) Ovo
   c) Congro
   d) Robalo

Geschichte 7: Zwei Deutsche reisen von Lagos nach Sagres in Portugal

Ich habe diese Geschichte nicht erfunden. Es war ein Freund von mir aus Deutschland, der sie mir erzählt hat. Er erzählte mir von seinen Ferien in Portugal, und ich als Portugiesin war natürlich sehr interessiert, die Meinung eines Ausländers über Portugal zu erfahren. Ich werde sie aus seiner Sicht erzählen.

Meine Frau und ich waren im Urlaub in Portugal. Wir kommen aus Deutschland und wollten dieses wunderbare Land entdecken. Wir kamen in Lagos an und fanden eine tolle Unterkunft. Lagos ist eine schöne Stadt im Bezirk Faro, im Süden Portugals, mit schönen Denkmälern, Museen und einem modernen Yachthafen. Diese Stadt ist historisch mit den portugiesischen Entdeckungen verbunden und war ein zentraler Punkt für diese großen nautischen Abenteuer. Wir kennen bereits einen großen Teil des Landes und die Menschen, und natürlich wollten wir unser Portugiesisch üben. Wir besuchten einen Portugiesischkurs in Deutschland an einer Sprachschule und wollten nun unsere Kenntnisse über die portugiesische Kultur vertiefen. Wir waren so motiviert zu lernen, dass wir den ganzen Urlaub versuchten, miteinander Portugiesisch zu sprechen.

Einen Tag wollten wir bei einer Autovermietung ein Motorroller mieten. Wir haben versucht, zu sprechen und zu fragen - auf Portugiesisch. Es hat funktioniert! Der Ladenbesitzer hat uns verstanden. Die Portugiesen hier im Süden haben einen etwas anderen Akzent als die Portugiesen in der Mitte oder im Norden.

Der Dialekt der Algarve weist Ähnlichkeiten mit den Dialekten der Azoren, Madeiras, des Alentejo und sogar mit dem Portugiesisch Brasiliens auf, das die Verwendung des Gerundiums und des Pronomens „a gente" anstelle des Pronomens „nós" bevorzugt. Darüber hinaus kann man auch beobachten, dass die Diphthonge (Doppellaute aus zwei verschiedenen Vokalen) reduziert sind, wobei die Wörter wie folgt ausgesprochen werden: „lête" (leite), „pããã" (pão), „fêjõs" (feijões); und das Ende wird gestrichen: „fôg" (fogo), „amig" (amigo), „apagad" (apagado). Dieses Gebiet Portugals unterscheidet sich auch in Bezug auf seine traditionellen Redewendungen und Ausdrücke deutlich vom Standardportugiesisch. Zum Beispiel: „açoteia" bedeutet „terraço" (Terasse), „cozer bata-doce" bedeutet „ressonar" (Schnarchen), „fazer meia azul" bedeutet „namorar" (flirten), usw.

Der Besitzer der Autovermietung empfahl uns, an das Ende Europas zu reisen, in ein Dorf namens Sagres. Die Stadt ist leicht mit dem Motorroller zu erreichen, und es ist machbar, das in weniger als einer Stunde zu schaffen. Unterwegs hielten wir an, um die schönen Strände aufzusuchen.

Noch in Lagos besuchten wir den Strand Dona Ana, der einst als einer der schönsten Strände der Welt galt. Nachdem wir die Spitze der riesigen Klippe erreicht hatten, beschlossen wir, erst den Strand von oben anzuschauen und die Gelegenheit zu nutzen, Fotos von dieser wunderschönen Landschaft zu machen. Die Stufen, die den Zugang zum Strand ermöglichen, verschwinden aus dem Blickfeld zwischen den Felsen von großer natürlicher Schönheit.

„Liebling." Meine Frau ruft, während sie meinen Arm berührt. „Der Strand ist schön, aber es wird eine Weile dauern, bis wir dort ankommen. Hast du die Treppe gesehen, die wir hinuntergehen müssen?"

„Nieder mit der Hilfe aller Heiligen!" Ich nutzte die Gelegenheit, um diesen typisch portugiesischen Ausdruck zu sagen, den wir im Kurs gelernt haben.

„Ja, aber am Ende müssen wir wieder nach oben gehen, verstehst du?"

Diese Bemerkung meiner Frau machte meinen Moment des Hochmuts sofort zunichte, und ich gab ihr Recht. „Natürlich hast du völlig Recht. Ich bitte jemanden ein Foto von uns zu machen, und dann fahren wir weiter."

Wir baten ein lächelndes junges Paar, uns mit meinem Handy zu fotografieren, und nachdem wir ihnen für den Gefallen gedankt hatten, stiegen wir auf den kleinen Motorroller und fuhren in Richtung Sagres.

Wir hielten in Portimão und besuchten den Strand Praia da Rocha. Ein langgezogener Strand mit schönen Felsen am Wasser entlang und einem parallel zum Strand verlaufenden Weg, den wir nutzten, um spazieren zu gehen. Der Strand war voll von Menschen, und die Verkäufer von Bolas de Berlim - eine Süßigkeit, die typischerweise an portugiesischen Stränden verkauft wird- schlängelten sich an den entspannten Touristen auf ihren Handtüchern vorbei. „Schauen Sie das Gebäck (die Bällchen)!“, hörten wir sie immer und immer wieder rufen.

Wir beschlossen, in dieser Gegend eine kurze Pause einzulegen. Das Meerwasser ist frisch und klar und die Landschaft einfach atemberaubend. Das Meer war ruhig, und wir wollten den ganzen Tag dort bleiben, aber wir waren sehr neugierig darauf, Sagres kennenzulernen, und eine Stunde später fuhren wir dorthin.

In Sagres ist die Hitze glühend, aber es weht ein angenehmer Wind vom Meer. Praia da Mareta liegt in der Bucht, die sich östlich von Kap S. Vicente erhebt. Wir setzten uns an einen Tisch an der Esplanade und bestellten zwei frischgepresste Orangensäfte. Wir genossen die Erfrischung und die ruhige Brise und stellten uns die mutigen portugiesischen Seeleute vor, die von hier aus in Richtung unbekannter Länder aufbrachen.

Die Landschaft in Sagres ist sehr interessant, weil das Dorf in verschiedenen Jahrhunderten Ausgangspunkt vieler Seereisen war. Darüber hinaus war Ponta de Sagres für die Seefahrer äußerst wichtig, da es den Schiffen Schutz bot. Sagres ist auch für die Schule von Sagres bekannt, eine nautische Schule, die den Mythen zufolge im 15. Jahrhundert vom Seefahrer D. Henrique de Avis, auch bekannt als Heinrich der Seefahrer, gegründet wurde.

Dann machten wir uns auf den Weg nach Ponta de Sagres, dem südwestlichen Ende Kontinentaleuropas. Dieser Felsvorsprung ist ein sehr schöner, aber sehr windiger Ort. Der Wind dort oben ist so intensiv, als wolle die Natur ihre Kraft zeigen.

„Auf der anderen Seite ist Amerika“, lächelte meine Frau, die Haare fliegen ihr um die Ohren. „Aber da kann man nicht mit dem Roller hinfahren.“

In diesem Gebiet, wo das Land aufhört und das Meer beginnt, beobachteten wir die Fischer, die ihre Angeln von der Spitze der großen Klippen warfen, und wir stellten fest, dass dies eine sehr gefährliche Tätigkeit war, die aber Hunger verursachte.

Auf dem Rückweg beschlossen wir, in dem schönen Dorf Alvor zu Mittag zu essen. Die engen Gassen sind voll von Restaurants mit Terrassen, und der Geruch von gegrilltem Fisch liegt in der Luft. Wir haben eine der Terrassen willkürlich ausgewählt und natürlich auf Portugiesisch bestellt, ohne das Wörterbuch zur Hilfe zu nehmen. Schließlich haben wir uns schon wie zwei echte Portugiesen gefühlt.

Wir waren hungrig und konnten unser Essen nicht erwarten, aber wir merkten bald, dass wir ein Gericht für zwei Personen mit etwas bestellten, das wir überhaupt nicht mochten: Tintenfisch. Wir waren überzeugt, dass Polvo ein vegetarisches Gericht sei, aber nach einer kurzen Suche im Internet wurde uns klar, dass wir uns geirrt hatten. Wir beschlossen, uns zu überwinden und aßen das Essen. Die Situation brachte uns den ganzen Tag zum Lachen. Letztendlich schien unser Portugiesisch doch nicht so gut sein. Wir müssen mehr üben, bevor wir wieder in den Urlaub fahren, um nicht Polvo zu bestellen!

Conto 8: O vendedor de doces de Maputo, em Moçambique

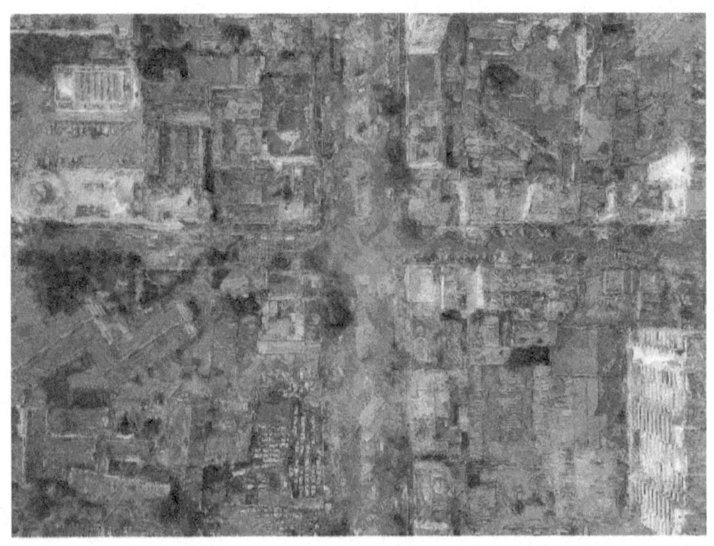

É difícil de acreditar, mas também se fala português em Moçambique. Este país da África Ocidental tornou-se uma colónia portuguesa no século XVII e conquistou a sua independência apenas no século XX.

É interessante a forma como a língua portuguesa se desenvolveu em Moçambique. No final do século XV, os grandes navegadores e conquistadores portugueses chegaram a Moçambique durante a sua viagem para a Índia e levaram consigo a língua portuguesa, que acabou por se tornar língua oficial do país. Contudo, é falada como segunda língua por metade da população do país, em particular nas zonas rurais. A maior parte das pessoas em Moçambique fala línguas bantas. Além da grande diversidade linguística, Moçambique também possui grande riqueza cultural e várias influências religiosas. Maputo é a capital e inclui os principais sectores comerciais e industriais do país. A taxa de urbanização da capital é elevada, mas a difícil situação nos bairros e a pobreza da população é também uma realidade.

É um país com uma história rica que tem muito para contar…

O Óscar é um menino de doze anos que vende doces nas ruas da capital. As pessoas da cidade vêem-no vaguear diariamente entre a habitual azáfama local e muitos já o conhecem. O Óscar ganha pouco, ou quase nada, com a sua atividade. Compra os doces num supermercado da zona e vende-os um por um, aproveitando sempre as horas de ponta.

As ruas e a cidade são caóticas, mas o Óscar adora este caos. Serpenteia entre os carros e as motas e aborda todas as pessoas que se cruzam no seu caminho.

– Deseja comprar alguma coisa? – Pergunta o Óscar de forma automatizada, de tantas vezes repetir estas palavras.

– Não, obrigado, miúdo.

– Deseja comprar alguma coisa? – Dispara o Óscar noutra direção. O homem alto olha-o de cima e contorna-o com uma expressão de desagrado. – Tenha um bom dia, senhor! – Diz o Óscar por cima do ombro. Já está habituado àquele tipo de reação, especialmente em hora de ponta.

O Óscar vê um carro parado com o vidro aberto e decide aproximar-se.

– Deseja comprar alguma coisa?

– Não quero nada, obrigado.

– Tem a certeza? Nem um doce para a sua filha?

– Insiste, com simpatia, depois de espreitar pela janela e ver uma menina roliça sentada no banco traseiro.

– Já te disse que não, rapaz. Segue o teu caminho. – Responde o homem, fechando a janela do carro com o fecho automático.

O dia decorreu sem que o rapaz fizesse qualquer venda. O cesto de palha antigo continua cheio de pequenos rebuçados brilhantes de todas as cores. O Óscar chegou a casa, mais uma vez sem dinheiro e triste. A família também depende dos seus rendimentos. Tem dois irmãos mais novos para cuidar. Os pais evitam sempre colocar pressão no rapaz, mas ele pressente e partilha a sua apreensão. A vida não é fácil e, quando há falta de alimentos, uma perspetiva assustadora.

Na manhã seguinte, ainda a brisa corria fresca e a geada refletia os primeiros raios de Sol, já o Óscar percorria o caminho de terra solta em direção às ruas da capital. A cidade em breve despertará, e é a primeira grande oportunidade do dia para vender alguns doces.

– Bom dia, menino Óscar! – Saúda-o uma senhora de sorriso simpático, abrindo as portas de uma humilde barbearia.

– Bom dia, Dona Rosa! – Acena o rapaz, com a mão que tem livre.

– Espera, Óscar. – Chama a senhora. – Pega esta sande de badjias. Tenho duas hoje.

– Muito obrigado, Dona Rosa. Agradeço imenso. – O Óscar pega no pequeno pão de trigo recheado com duas bolinhas fritas de feijão e guarda no bolso dos calções. Será o seu almoço.

Chegado às ruas mais centrais da capital, já a azáfama está instalada. O Óscar não perde tempo e aborda logo a primeira pessoa com quem se cruza. A resposta à costumeira pergunta é a mesma: *Não*. Ninguém parece estar interessado nos seus doces.

– Desejam comprar alguma coisa? – Pergunta a duas senhoras que conversam à porta de um salão de chá.

– Já te dissemos que não de manhã, rapaz. Não insistas.

O dia decorreu e, no final da tarde, com o cesto cheio e os bolsos vazios, o rapaz sentiu-se ansioso. Não queria voltar a dar a mesma notícia aos pais. Interpelou mais uma dúzia de pessoas, que se limitaram a ignorá-lo. O rapaz desiste e decide voltar para casa. A sorte não está, definitivamente, do seu lado. Então, mesmo antes de tomar o caminho de regresso a casa, um homem aproxima-se e pergunta:

– Ainda tens doces para vender? – Usa fato e gravata e a sua expressão revela algum cansaço.

– Sim... sim. Tenho. – Responde o Óscar com surpresa, esticando um rebuçado cor de cereja na direção do desconhecido.

– Eu queria mais do que um. Na verdade, gostava de comprar o cesto inteiro. É possível?

O Óscar fica estático, com ar abismado e sem saber o que dizer.

– Eu... Mas... claro! Claro que sim! – O rapaz não consegue conter a satisfação.

O homem abre o saco de papel que traz na mão e pede-lhe para despejar os doces para o seu interior. No final, entrega uma nota ao rapaz, que excede largamente o valor dos doces.

– Este é para ti. – O homem tira um dos doces do saco, ao acaso, e entrega ao rapaz. Depois despede-se com um sorriso e um aceno e afasta-se.

O Óscar agradece, guarda a nota no bolso e desembrulha o rebuçado cor-de-laranja. O sabor cítrico invade-lhe os sentidos. Não sabia que eram assim tão saborosos. Com o Sol já no horizonte, o Óscar segue para casa a passo rápido, orgulhoso e ansioso por contar a novidade aos pais.

Perguntas:

1. Onde se desenrola a história?

   a) Em Lisboa
   b) Em Maputo
   c) Em Luanda
   d) Em Matola

2. O que vende o Óscar?

   a) Doces
   b) Pão
   c) Açúcar
   d) Berlindes

3. Qual o nome da mulher que lhe oferece a sandes?

   a) Laura
   b) Roberta
   c) Maria
   d) Rosa

4. Quantos irmãos tem o Óscar?

   a) Um
   b) Dois
   c) Três
   d) Quatro

5. O que vestia o homem que comprou o cesto de doces?

   a) Fato de treino
   b) Túnica
   c) Calças de ganga
   d) Fato e gravata

Geschichte 8: Der Bonbonverkäufer aus Maputo, Mosambik

Es ist kaum zu fassen, aber Portugiesisch wird auch in Mosambik gesprochen. Das westafrikanische Land wurde im 17. Jahrhundert portugiesische Kolonie und erlangte seine Unabhängigkeit erst im 20. Jahrhundert.

Es ist interessant, wie sich die portugiesische Sprache in Mosambik entwickelt hat. Am Ende des 15. Jahrhunderts kamen die großen portugiesischen Seefahrer und Eroberer auf ihrer Reise nach Indien in Mosambik an und brachten die portugiesische Sprache mit, die schließlich zur offiziellen Sprache des Landes wurde. Sie wird jedoch nur von der Hälfte der Bevölkerung des Landes als Zweitsprache gesprochen, insbesondere in ländlichen Gebieten. Die meisten Menschen in Mosambik sprechen Banta-Sprachen. Neben der großen sprachlichen Vielfalt verfügt Mosambik auch über einen großen kulturellen Reichtum und verschiedene religiöse Einflüsse. Maputo ist die Hauptstadt und umfasst die wichtigsten Handels- und Industriesektoren des Landes. Die Verstädterungsrate der Hauptstadt ist hoch, aber auch die schwierige Situation in den Bezirken und die Armut der Bevölkerung sind Realität.

Es ist ein Land mit einer vielseitigen Geschichte, das viel zu erzählen hat...

Oscar ist ein 12-jähriger Junge, der auf den Straßen der Hauptstadt Süßigkeiten verkauft. Die Menschen in der Stadt sehen ihn täglich inmitten des üblichen örtlichen Trubels umherwandern, und viele kennen ihn bereits. Oscar verdient wenig, wenn er überhaupt etwas mit seiner Arbeit verdient. Er kauft die Süßigkeiten in einem örtlichen Supermarkt ein und verkauft sie stückweise, wofür er immer die Hauptverkehrszeiten nutzt.

Da das Land von Armut geprägt ist, sind die Straßen immer voll von Menschen, die versuchen, etwas Geld zu verdienen. Die Straßen und die Stadt sind chaotisch, aber Oscar liebt dieses Chaos. Er schlängelt sich zwischen Autos und Motorrädern hindurch und nähert sich allen Menschen, die seinen Weg kreuzen.

„Wollen Sie etwas kaufen?", fragt Oscar automatisch mit diesen Worten, die er schon so oft wiederholt hat.

„Nein danke, Junge."

„Wollen Sie etwas kaufen?" schießt es aus Oscar in eine andere Richtung heraus. Der große Mann schaut ihn von oben an und umgeht ihn mit einem Ausdruck des Missfallens. „Schönen Tag noch, mein Herr!", sagt Oscar über die Schulter. Er ist diese Art von Reaktion gewöhnt, vor allem in der Hauptverkehrszeit.

Oscar sieht ein stehendes Auto mit geöffnetem Fenster und beschließt, sich zu nähern.

„Wollen Sie etwas kaufen?"

„Nein, ich möchte nichts, danke."

„Sind Sie sicher? Nicht einmal einen Schokoriegel für Ihre Tochter?" Er bleibt hartnäckig, aber sympathisch, nachdem er durch das Fenster ein molliges, kleines Mädchen auf dem Rücksitz gesehen hat.

„Ich sagte bereits nein, Junge. Geh weiter deinen Weg." antwortet der Mann und schließt das Autofenster mit der automatischen Verriegelung.

Der Tag verging, ohne dass der Junge etwas verkaufte. Der alte Strohkorb ist immer noch voll von kleinen bunten Bonbons in allen Farben. Oscar kam am Ende des Tages wieder ohne Geld und traurig nach Hause. Auch die Familie ist von seinen Einnahmen abhängig. Er hat noch zwei jüngere Brüder, die versorgt werden müssen. Die Eltern vermeiden es immer, Druck auf den Jungen auszuüben, aber er spürt und teilt ihre Besorgnis. Das Leben ist nicht leicht und hat, wenn es Mangel an Essen gibt, eine beängstigende Aussicht.

Am nächsten Morgen wehte ein kühler Wind und der Frost reflektierte die ersten Sonnenstrahlen, schon lief der Oscar auf dem unbefestigten Weg in Richtung der Straßen der Hauptstadt. Die Stadt wird bald erwachen, was die erste große Gelegenheit des Tages ist, einige Süßigkeiten zu verkaufen.

„Guten Morgen, mein Junge Oscar!" Eine nette, lächelnde Dame begrüßt ihn und öffnet die Türen eines bescheidenen Friseursalons.

„Guten Morgen, Rosa!" winkt der Junge mit der freien Hand.

„Warte, Oscar." ruft die Dame. „Nimm dieses Badjias-Sandwich. Ich habe heute zwei davon."

„Vielen Dank Rosa. Ich danke vielmals." Oscar nimmt das kleine Weizenbrot, das mit zwei frittierten Bohnenbällchen gefüllt ist und bewahrt es in seiner Hosentasche auf. Es wird sein Mittagessen sein.

An den zentralen Straßen der Hauptstadt angekommen, herrscht bereits reges Treiben. Oscar verliert keine Zeit und geht sofort auf die erste Person zu, die er trifft. Die Antwort auf die übliche Frage ist dieselbe: Nein. Niemand scheint sich für seine Süßigkeiten zu interessieren.

„Möchten Sie etwas kaufen?", fragt er zwei Damen, die sich vor einer Teestube unterhalten.

„Am frühen Morgen haben wir schon nein gesagt, Junge. Übertreib es nicht."

Der Tag verging, und am späten Nachmittag, mit einem vollen Korb und leeren Taschen, fühlte sich der Junge unruhig. Er wollte seinen Eltern nicht noch einmal die gleiche Nachricht überbringen. Er befragte dutzende weitere Personen, die ihn einfach ignorierten. Der Junge gibt auf und beschließt, nach Hause zu gehen. Das Glück ist ganz sicher nicht auf seiner Seite. Dann, kurz bevor er den Heimweg antritt, kommt ein Mann auf ihn zu und fragt ihn:

„Hast du noch Süßigkeiten zu verkaufen?“ Er trägt einen Anzug und eine Krawatte, und sein Gesichtsausdruck verrät eine gewisse Müdigkeit.

„Ja... ja. Das habe ich.“ Oscar antwortet überrascht und streckt dem Unbekannten ein Kirschbonbon entgegen.

„Ich hätte gerne mehr als eins. Eigentlich würde ich gerne den ganzen Korb kaufen. Ist das möglich?“

Oscar ist wie angewurzelt, ist erstaunt und weiß nicht, was er sagen soll.

„Ich... Aber...natürlich! Natürlich können Sie das!“ Der Junge kann die Freude nicht unterdrücken.

Der Mann öffnet die Papiertüte, die er in der Hand hält, und bittet ihn, die Süßigkeiten hineinzuschütten. Am Ende überreicht er dem Jungen einen Schein, dessen Wert den der Süßigkeiten weit übersteigt.

„Das hier ist für dich.“ Der Mann nimmt wahllos eines der Bonbons aus der Tüte und reicht es dem Jungen. Dann verabschiedet er sich mit einem Lächeln und einem Kopfnicken und geht weg.

Oscar bedankt sich, behält den Schein in der Tasche und packt das orangefarbene Bonbon aus. Der Zitronengeschmack dringt in seine Sinne. Er wusste nicht, dass sie so schmackhaft sind. Mit der Sonne bereits am Horizont geht Oscar in schnellem Tempo nach Hause, stolz und begierig darauf, seinen Eltern die Neuigkeiten zu überbringen.

Conto 9: A Mariana tem uma paixão secreta na Universidade do Porto, em Portugal

A Mariana nasceu no norte de Portugal, em Monção, uma vila perto da fronteira com Espanha que é separada pelo belo Rio Douro. Monção é uma pequena vila, com cerca de 3535 habitantes e foi, em tempos, palco de combates entre os reinos de Portugal e Castela. Hoje em dia, é uma zona visitada pela sua bela paisagem e as suas águas termais. Os parques verdejantes, inúmeros miradouros e o velho castelo são pontos de referência. Além disso, Monção é o berço do vinho Alvarinho, muito apreciado no país, especialmente na zona do Minho.

A Mariana saiu da sua tranquila vila e veio para o Porto, para estudar arquitetura. Aos seus olhos, esta é uma cidade enorme com casas bonitas de arquitetura maravilhosa e as ruas estreitas que traçam o caminho até ao topo da montanha são simplesmente adoráveis. Aliás, o centro histórico da cidade do Porto foi declarado Património da Humanidade pela UNESCO.

A cidade do Porto é conhecida como Cidade Invicta, designação atribuída no passado pela rainha D. Maria II devido à dedicação e coragem dos habitantes desta cidade. É uma cidade costeira e o seu porto - o porto de Leixões -, é muito relevante para o comércio internacional. O vinho desta região - o vinho do Porto -, é conhecido e apreciado mundialmente e as caves do vinho do Porto são locais turísticos muito procurados. O Rio Douro também atravessa esta cidade. Esta cidade tem muitos monumentos de grande beleza, como a Torre dos Clérigos, o Palácio da Bolsa, a Sé Catedral e a Igreja dos Congregados. A Livraria Lello foi criada por José Lello no ano de 1881 e hoje é considerada uma das livrarias mais bonitas do mundo com a sua bela escadaria no interior.

A Mariana fala o dialeto português nortenho. A língua portuguesa no Alto Minho é muito influenciada pelos dialetos galegos. É caracterizada, por exemplo, pela pronúncia de "v" como "b" e do ditongo "ou" de forma nasalada, ou como "um". Um exemplo interessante é a palavra "não", muitas vezes pronunciada "*num*". O dialeto também é rico em expressões e termos típicos, como "despassarado" (que significa "distraído"), "mouco" (que significa "surdo"), "ougar" (um termo usado para descrever a sensação de crescer água na boca), "bater coro" (que significa "seduzir"), "dar de frosques" (que significa "fugir"), "mandar bitaites" (que é sinónimo de "dar palpites"), entre muitas outras.

A Mariana estuda na Universidade do Porto e alugou um quarto numa residência. A experiência universitária na cidade do Porto é inesquecível. A Universidade do Porto é uma universidade prestigiada e é procurada por muitos estudantes de todo o país e de outros países também. A vida académica é muito rica e são realizados muitos eventos pela cidade que promovem a união dos estudantes, como a Queima das Fitas, o Cortejo Académico e a Latada. Os trajes universitários integram a tradição académica, assim como a praxe e muitos outros rituais que os jovens estudantes apreciam muito e levam consigo na memória para o resto das suas vidas.

A Mariana gosta muito da vida académica. Integrou-se facilmente na nova cidade e conheceu muitos amigos do seu curso e de outros cursos. É uma pessoa muito sociável e adora partilhar experiências. É também muito boa aluna e gosta muito das aulas. Sempre conseguiu arranjar um bom equilíbrio entre as distrações da vida académica e os estudos.

Hoje, tem uma aula com o professor Leandro e chega à sala de aula antes dos seus colegas. Ela adora as aulas do professor Leandro e nunca se distrai, sempre atenta às palavras que saem dos seus lábios. Por vezes, no fim da aula, a Mariana coloca algumas questões ao professor, e foi isso que ela fez hoje:

– Pode explicar-me como é que a arquitetura foi transferida de Portugal para as colónias? Para o Brasil, por exemplo? Havia planos?

– Sim, claro. Os portugueses levaram os seus planos para o Brasil no século XVI. Especialmente os edifícios públicos, como as igrejas, foram construídos de acordo com estes planos. É possível ver claramente a influência dos portugueses nas janelas das casas e nas pequenas varandas. Muitos locais no Brasil fazem lembrar Portugal ou mesmo o Porto, no entanto, desenvolveu-se um estilo colonial próprio. Os nativos da América do Sul e os escravos deportados durante o período colonial também trouxeram as suas influências. Essa versatilidade de estilo colonial, edifícios modernos e habitações improvisadas nas favelas motivaram seguramente o título de Capital Mundial da Arquitetura da UNSECO ao Rio de Janeiro.

A Mariana absorve todas aquelas informações com toda a atenção. Sabe muito sobre aquele homem. Descobriu que tem três filhos e é casado. Aos poucos, a Mariana vai percebendo que toda aquela admiração tem uma origem romântica. Está apaixonada pelo professor, um homem na casa dos quarenta anos. Pensa nele o dia todo e, para chamar a sua atenção, estuda mais sobre arquitetura do que qualquer outra pessoa. Ela sabe, claro, que o seu amor não é correspondido e nunca teve nenhuma atitude inapropriada com o professor. Os seus colegas não suspeitam dos seus sentimentos e esse é um segredo que não contará a ninguém.

Alguns anos mais tarde, o seu amor por Leandro tem como consequência um prémio de melhor aluna do curso que ela recebe das mãos do professor. Naquele momento, a Mariana vê nos olhos do professor Leandro a grande admiração que ele tem por ela e sabe, ali, que a Universidade do Porto, a vida universitária, a paixão pela arquitetura e a belíssima cidade do Porto ficarão para sempre gravados no seu coração.

Perguntas:

1. Onde nasceu a personagem principal?
   a) Melgaço
   b) Valença
   c) Monção
   d) Braga
2. Em que ano foi fundada a livraria referida na história?
   a) 1881
   b) 1991
   c) 1832
   d) 1899
3. Em que cidade estudou a Mariana?
   a) Lisboa
   b) Porto
   c) Braga
   d) Vila Real
4. Qual dos seguintes eventos universitários foi referido na história?
   a) Enterro da Gata
   b) Receção ao Caloiro
   c) Serenata
   d) Queima das Fitas
5. Por quem se apaixonou a Mariana?
   a) Colega de curso
   b) Amigo de infância
   c) Professor
   d) Rapaz natural do Porto

Geschichte 9: Mariana hat eine geheime Liebe an der Universität von Porto in Portugal

Mariana wurde im Norden Portugals geboren, in Monção, einem Dorf nahe der Grenze zu Spanien, die durch den schönen Fluss Douro getrennt ist. Monção ist eine kleine Stadt mit etwa 3535 Einwohnern und war einst Schauplatz von Kämpfen zwischen den Königreichen Portugal und Kastilien. Heute ist es ein Gebiet, das wegen seiner schönen Landschaft und seiner Thermalquellen besucht wird. Die grünen Parks, zahlreiche Aussichtspunkte und das alte Schloss sind Anziehungspunkte. Darüber hinaus ist Monção die Wiege des Alvarinho-Weins, der im Land, insbesondere in der Region Minho, sehr geschätzt wird.

Mariana verließ ihr ruhiges Dorf und kam nach Porto, um Architektur zu studieren. In ihren Augen ist dies eine riesige Stadt mit schönen Häusern von wunderbarer Architektur, und die engen Gassen, die den Weg zum Gipfel des Berges zeichnen, sind einfach bezaubernd. Tatsächlich ist das historische Zentrum von Porto von der UNESCO zum Weltkulturerbe erklärt worden.

Die Stadt Porto ist bekannt als die unbesiegte Stadt, eine Bezeichnung, die ihr damals von der Königin D. Maria II. gegeben wurde, aufgrund der Courage und des Mutes der Einwohner dieser Stadt. Sie ist eine

Küstenstadt, und ihr Hafen - der Hafen von Leixões - ist für den internationalen Handel sehr wichtig. Der Wein dieser Region - der Portwein - ist weltweit bekannt und geschätzt, und die Portweinkeller sind sehr beliebte Touristenorte. Auch der Fluss Douro durchquert diese Stadt. Diese Stadt hat viele Monumente von großer Schönheit, wie Torre dos Clérigos, Palácio da Bolsa, Sé Catedral oder Igreja dos Congregados. Die Buchhandlung Lello wurde 1881 von Joseph Lello gegründet und gilt heute mit ihrer schönen Treppe im Inneren als eine der schönsten Buchhandlungen der Welt.

Mariana spricht den nordportugiesischen Dialekt. Die portugiesische Sprache in Alto Minho ist stark von galicischen Dialekten beeinflusst. Charakteristisch ist z.B. die Aussprache von "v" als "b" und den Diphthong „ou" in nasaler Form oder als „um“. Ein interessantes Beispiel ist das Wort "não", das oft als "num" ausgesprochen wird. Der Dialekt hat auch seine eigenen typischen Ausdrücke und Begriffe, wie „despassarado" (als „distraído“ bedeutet "abgelenkt"), „mouco" (als „surdo“ bedeutet „taub"), „ougar" (ein Begriff, ähnlich wie Redewendung „das Wasser im Mund zusammenlaufen“), "bate coro" (als „seduzir“ bedeutet „verführen"), „dar de frosques" (als „fugir“ bedeutet „fliehen"), „mandar bitaites" (als „dar palpites“ bedeutet "raten") sowie viele andere.

Mariana studiert an der Universität von Porto und mietete sich ein Zimmer in einem Wohnheim. Die Erfahrung an der Universität in der Stadt Porto ist unvergesslich. Die Universität von Porto ist eine angesehene Universität und ist sehr gefragt von vielen Studenten aus dem ganzen Land und auch aus anderen Ländern. Das akademische Angebot ist sehr vielseitig; es gibt viele Veranstaltungen der Stadt, die den Zusammenhalt der Studenten fördern, wie z.B. Queima das Fitas, Cortejo Académico und Latada. Die Universitätsuniformen sind Teil der akademischen Tradition, ebenso wie die Bräuche und viele verschiedene Rituale, die die jungen Studenten sehr schätzen und die sie für den Rest ihres Lebens in Erinnerung behalten.

Mariana schätzt das akademische Leben sehr. Sie integrierte sich problemlos in die neue Stadt und fand viele Freunde in ihrem Studiengang und anderen Studiengängen. Sie ist ein sehr kontaktfreudiger Mensch, und sie liebt es, Erfahrungen auszutauschen. Außerdem ist sie eine sehr gute Studentin und mag die Vorlesungen sehr. Es ist ihr immer gelungen, ein gesundes Gleichgewicht zwischen Freizeit (der Ablenkung vom akademischen Leben) und des Studiums zu finden.

Heute hat sie eine Vorlesung bei Professor Leandro und kommt vor ihren Mitstudenten zum Unterricht. Sie liebt den Unterricht von Professor Leandro und lässt sich nie ablenken, immer achtet sie auf die Worte, die von seinen Lippen kommen. Manchmal stellt Mariana am Ende des Unterrichts dem Dozenten einige Fragen, und genau das hat sie heute getan:

„Können Sie mir erklären, wie die Architektur von Portugal in die Kolonien übertragen wurde? Zum Beispiel nach Brasilien? Gab es Pläne?“

„Ja, natürlich. Die Portugiesen brachten ihre Pläne im 16. Jahrhundert nach Brasilien. Vor allem öffentliche Gebäude, wie z.B. Kirchen, wurden nach diesen Plänen gebaut. An den Fenstern der Häuser und den kleinen Balkonen kann man deutlich den Einfluss der Portugiesen erkennen. Viele Orte in Brasilien erinnern an Portugal oder sogar an Porto, aber doch hat sich ein eigener Kolonialstil entwickelt. Auch die Ureinwohner Südamerikas und die während der Kolonialzeit deportierten Sklaven brachten ihre Einflüsse mit. Diese Vielseitigkeit des Kolonialstils, der modernen Gebäude und der provisorischen Behausungen in den Favelas hat Rio de Janeiro sicherlich zum Titel „Welthauptstadt der Architektur“ der UNSECO verholfen.“

Mariana saugt all diese Informationen auf. Sie weiß eine Menge über diesen Mann. Sie fand heraus, dass er drei Kinder hat und verheiratet ist. Allmählich wird Mariana klar, dass hinter all dieser Bewunderung Gefühle stecken. Sie ist in ihren Dozenten verliebt, einen Mann in den Vierzigern. Sie denkt den ganzen Tag an ihn und lernt mehr als alle anderen über Architektur, um seine Aufmerksamkeit zu bekommen. Sie weiß natürlich, dass ihre Liebe nicht erwidert wird, und sie hat nie eine zweideutige Geste gegenüber dem Dozenten gemacht. Ihre Mitstudenten ahnen nichts von ihren Gefühlen, und dieses Geheimnis wird sie niemandem verraten.

Einige Jahre später hat ihre Liebe zu Leandro zu einer Auszeichnung als beste Studentin des Studiengangs geführt, die sie aus den Händen ihres Professors erhält. In diesem Moment sieht Mariana in den Augen von Professor Leandro die große Bewunderung, die er für sie empfindet, und sie weiß, dass die Universität Porto, das Universitätsleben, die Leidenschaft für Architektur und die schöne Stadt Porto für immer tief in ihrem Herzen bleiben werden.

Conto 10: A Li de Macau, na China

Macau é uma região situada perto de Hong Kong e pertence à China. No entanto, Macau foi uma colónia portuguesa até 1999. Durante os descobrimentos, os navegadores portugueses levaram muita prosperidade para esta terra previamente povoada por pescadores e camponeses chineses. Tornou-se assim uma grande região comercial e é agora uma espécie de estado separado, pois é uma região autónoma com as suas próprias leis. A influência portuguesa é visível em todo o lado. A arquitetura é semelhante à que encontramos em Portugal (como é possível ver no Largo do Senado), algumas ruas têm nomes tipicamente portugueses e até existe um distrito chamado Lisboa. Depois de mais de 400 anos de governação portuguesa, parece mesmo que estamos em Portugal, mas bem longe da Europa, no meio da Ásia.

As culturas portuguesa e chinesa convivem há séculos nesta península repleta de belas histórias. A Li é uma jovem mulher que foi criada em Macau. É fluente em português e chinês e trabalha num casino. Macau é a única região da China onde são permitidos os jogos de azar. Dão-lhe o nome de Las Vegas do Oriente e é visitada por muitos chineses que pretendem jogar e divertir-se. Quando os portugueses assumiram o poder, muitas pessoas de Portugal também vieram para Macau. Portanto, o Roberto – marido da Li -, cresceu em Macau. A língua portuguesa é falada em casa e na escola. Percebe-se claramente a influência chinesa. O idioma crioulo chama-se Patuá, e poucas pessoas o falam atualmente. Na escola, as crianças falam a verdadeira língua portuguesa e não é permitido falar Patuá.

As pessoas também são uma mistura das duas culturas. Podemos encontrar pessoas de aparência chinesa a adotar comportamentos muito europeus. O nome coloquial destas pessoas é "Macaense". Também tentavam cozinhar a comida portuguesa, mas antigamente não estavam disponíveis todos os ingredientes, de modo que se desenvolveu uma cultura alimentar própria: comida portuguesa com ingredientes chineses. Devido à mistura de tradições religiosas, os macaenses comemoram tanto o Ano Novo Chinês quanto o Natal, o Dia de Buda e a Páscoa cristã.

Hoje em dia, a maioria das pessoas fala mandarim e muitos turistas chineses visitam Macau principalmente para jogar nos casinos. Há pouco tempo, um homem jovem de Pequim ficou milionário no casino onde a Li trabalha. O homem ganhou na roleta e ficou convencido de que a Li foi o seu amuleto da sorte. A Li serviu-lhe a última bebida e ele ficou firmemente convencido de que foi esse o motivo pelo qual ele apostou no número certo.

Hoje, a Li entra ao trabalho às 16h e, assim que chega ao casino, ouve alguém chamar o seu nome.

– Li! Li, lembras-te do homem que ganhou na roleta há duas semanas? – O seu colega de trabalho, e grande amigo, tem um envelope na mão e está nitidamente ansioso por falar com ela.

– Sim, eu servi-o nessa noite. Ele ficou eufórico. Que grande prémio.

– Exatamente. Ele ficou convencido de que foste tu que lhe deste sorte nessa noite e quis agradecer.

– Como assim? – Pergunta a Li, incrédula.

– Abre.

O amigo coloca-lhe o envelope nas mãos e solta um sorriso atrevido, de quem sabe toda a história por trás daquela surpresa. A Li abre o envelope e encontra dois bilhetes de avião no seu interior.

– O que é isto? – Ela pergunta.

– Ele ofereceu-te a ti e ao Roberto uma viagem de duas semanas a Pequim! Só queria ter sido eu a servi-lo nessa noite!

Já de noite, a Li regressa a casa a pé. A cidade de

Macau é pequena e pode ser facilmente percorrida a pé. Há também muita segurança, praticamente não há registo de crimes violentos. A casa da Li fica perto do casino onde trabalha, e, portanto, raramente usa transportes públicos. A Li conta a novidade ao marido assim que chega a casa e, embora a notícia tenha sido recebida por ambos com alguma estranheza, ficam felizes por poderem viajar e descansar um pouco, pois estão os dois a precisar.

Passado um mês, o casal viaja para Pequim. A cidade é famosa pelos seus enormes palácios, templos, parques, jardins e muralhas e pelas suas universidades. Visitam todas as atrações típicas da cidade, incluindo um trecho da Muralha da China. A cidade tem o seu encanto, mas é muito estranha para eles. Sentem muito a falta da influência portuguesa, da mesma maneira que sentiram a falta da influência chinesa quando estiveram de férias em Portugal há uns anos. Costumavam comentar que Macau era o equilíbrio perfeito entre tudo o que estas culturas têm de bom. Eram realmente muito felizes em Macau e não se imaginavam a viver noutro lugar.

O casal entra num restaurante numa estreita rua de Pequim e senta-se numa mesa ao fundo da sala. O restaurante é pequeno e muito acolhedor e na mesa está um cestinho com dois biscoitos da sorte. A Li escolhe um dos biscoitos e parte-o ao meio. Retira a tira de papel e lê a mensagem: *Mais sorte virá na roleta da vida.*

O casal partilha um breve momento de espanto ao ler aquela mensagem tão curiosa e o Roberto diz:

– És mesmo um amuleto da sorte, querida, e eu sou um felizardo por te ter ao meu lado.

Perguntas:

1. Onde trabalha a personagem principal da história?
   a) Num casino
   b) Num restaurante
   c) Nos transportes públicos
   d) Em casa

2. Qual o nome da praça que é referida na história?
   a) Praça do Lótus
   b) Largo de São Domingos
   c) Largo do Senado
   d) Largo da Companhia de Jesus

3. Que culturas influenciam Macau?
   a) Portuguesa e africana
   b) Portuguesa e chinesa
   c) Chinesa e Japonesa
   d) Japonesa e portuguesa

4. Quem ofereceu a viagem ao casal?
   a) O colega de trabalho da Li
   b) A mãe do Roberto
   c) Um primo afastado que vive em Portugal
   d) Um homem que ficou milionário por jogar no casino

5. Onde estava o casal quando a Li lê a mensagem da sorte?
   a) Lisboa
   b) Pequim
   c) Macau
   d) Hong Kong

Geschichte 10: Li aus Macau in China

Macau ist eine Region in der Nähe von Hongkong und gehört zu China. Macau war jedoch bis 1999 eine portugiesische Kolonie. Während der Erkundungen brachten portugiesische Seefahrer viel Wohlstand in dieses Land, das zuvor von chinesischen Fischern und Bauern besiedelt war. Es ist damit zu einer großen Handelsregion geworden und stellt nun eine Art separaten Staat dar, da es eine autonome Region mit eigenen Gesetzen ist. Der portugiesische Einfluss ist überall sichtbar. Die Architektur ähnelt dem, was wir in Portugal finden (wie man es anhand des Platzes Largo do Senado sehen kann), einige Straßen haben typisch portugiesische Namen, und es gibt sogar einen Stadtteil, der Lissabon heißt. Nach mehr als 400 Jahren portugiesischer Herrschaft scheint es wirklich so, als ob wir in Portugal sind, aber weit weg von Europa mitten in Asien.

Die portugiesische und chinesische Kultur leben seit Jahrhunderten auf dieser Halbinsel voller schöner Geschichten zusammen. Li ist eine junge Frau, die in Macau aufgewachsen ist. Sie spricht fließend Portugiesisch und Chinesisch und arbeitet in einem Kasino. Macau ist die einzige Region in China, in der Glücksspiele erlaubt sind. Es wird das Las Vegas des Fernen Ostens genannt und wird von vielen Chinesen besucht, die spielen und Spaß haben wollen. Als die Portugiesen die Macht übernahmen, kamen auch viele

Menschen aus Portugal nach Macau. So wuchs Roberto der Ehemann von Li in Macau auf. Die portugiesische Sprache wird zu Hause und in der Schule gesprochen. Der chinesische Einfluss ist deutlich wahrnehmbar. Die Kreolsprache heißt Patuá, und nur wenige Menschen sprechen sie gegenwärtig. In der Schule sprechen die Kinder klassisches Portugiesisch und dürfen kein Patuá sprechen.

Die Menschen sind auch eine Mischung der beiden Kulturen. Wir finden sehr chinesisch aussehende Menschen, deren Verhalten sehr europäisch geprägt ist. Der umgangssprachliche Name dieser Leute ist „Macanese". Sie versuchten in der Vergangenheit auch, portugiesisches Essen zu kochen, aber es standen nicht alle Zutaten zur Verfügung, so dass sich eine eigene kulinarische Kultur entwickelte: Portugiesisches Essen mit chinesischen Zutaten. Aufgrund der Mischung der religiösen Traditionen feiern die Macanesen sowohl das chinesische Neujahr als auch Weihnachten den Buddha-Tag und das christliche Ostern.

Heute sprechen die meisten Menschen Mandarin, und viele chinesische Touristen besuchen Macao hauptsächlich, um in Kasinos zu spielen. Vor kurzem wurde ein junger Mann aus Peking Millionär in dem Kasino, in dem Li arbeitet. Der Mann gewann beim Roulette und war sich sicher, dass Li sein Glücksbringer sei. Li schenkte ihm den letzten Drink ein, und er war fest davon überzeugt, dass er deshalb auf die richtige Zahl gesetzt hatte.

Heute geht Li um 16.00 Uhr zur Arbeit, und sobald sie im Kasino ankommt, hört sie, wie jemand ihren Namen ruft.

„Ich habe es gelesen! Li, erinnern Sie sich an den Mann, der vor zwei Wochen Roulette gewann?“, ihr Kollege und sehr guter Freund hat einen Umschlag in der Hand und kann es kaum abwarten, mit ihr zu sprechen.

„Ja, ich habe ihn an diesem Abend bedient. Er war sehr euphorisch. Was für ein riesiger Gewinn.“

„Ganz genau. Er war überzeugt, dass du diejenige warst, der ihm an diesem Abend Glück gebracht hat, und er wollte dir danken.“

„Was meinst du damit?“, fragt Li ungläubig.

„Mach den Umschlag auf.“

Ihr Freund, der die ganze Geschichte hinter dieser Überraschung kennt, gibt ihr den Umschlag in die Hand und lächelt frech. Li öffnet den Umschlag und findet darin zwei Flugtickets.

„Was ist das?“, fragt sie.

„Er hat dir und Roberto eine zweiwöchige Reise nach Peking geschenkt! Ich wünschte nur, ich hätte ihn an diesem Abend bedient!“

Li geht am Abend nach Hause. Die Stadt Macau ist klein, und alles ist leicht zu Fuß erreichbar. Die Stadt ist außerdem sehr sicher, es gibt so gut wie keine registrierten Gewaltverbrechen. Li's Haus ist in der Nähe des Kasinos, in dem sie arbeitet, und sie nutzt nur selten öffentliche Verkehrsmittel. Sobald Li zu Hause ist, erzählt sie ihrem Ehemann die Neuigkeiten, und obwohl die Nachricht von beiden mit Verwunderung aufgenommen wurde, sind sie froh, zu reisen und sich eine Weile auszuruhen, da sie das beide gut gebrauchen können.

Nach einem Monat reist das Ehepaar nach Peking. Die Stadt ist berühmt für ihre riesigen Paläste, Tempel, Parks, Gärten und Mauern und für ihre Universitäten. Sie besuchen alle bedeutenden Sehenswürdigkeiten der Stadt, einschließlich eines Abschnitts der Chinesischen Mauer. Die Stadt hat ihren Charme, aber auf sie wirkt sie sehr fremd. Sie vermissen den portugiesischen Einfluss sehr, genauso wie sie den chinesischen Einfluss vermissten, als sie vor einigen Jahren in Portugal Urlaub machten. Sie sagten immer, dass Macau die perfekte Balance zwischen all den guten Dingen dieser Kulturen sei. Sie waren wirklich sehr glücklich in Macau und konnten sich nicht vorstellen, irgendwo anders zu leben.

Das Paar betritt ein Restaurant in einer engen Pekinger Straße und setzt sich an einen Tisch am Ende des Raumes. Das Restaurant ist klein und sehr gemütlich, und auf dem Tisch steht ein Korb mit zwei Glückskeksen. Li wählt einen der Kekse aus und bricht ihn in zwei Hälften. Sie entfernt den Papierstreifen und liest die Botschaft: Mehr Glück wird im Roulette des Lebens kommen.

Das Ehepaar ist einen kurzen Moment erstaunt, als sie diese sehr merkwürdige Botschaft lesen, und Roberto sagt:

„Du bist wirklich ein Glücksbringer, mein Liebling, und ich bin ein Glückspilz, dich an meiner Seite zu haben."

Conto 11: Luíz, o jovem engraxador do Rio de Janeiro (Brasil)

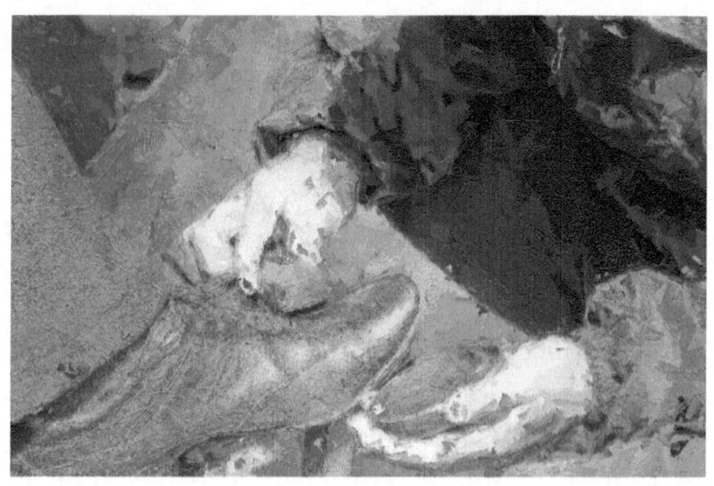

O Luíz tem doze anos de idade e vive numa favela no Rio de Janeiro. O Rio de Janeiro tem um grande número de favelas nas encostas das montanhas, tal como acontece em muitas das grandes cidades do Brasil. Os distritos pobres e parcialmente ilegais situam-se maioritariamente nas encostas das montanhas e são distritos que têm as suas próprias leis. Aqui, os bandos criminosos lideram e as pessoas vivem em espaços muito pequenos. Muitas vezes, a polícia não rege as favelas e o governo não contabiliza as pessoas nem tão pouco os mortos.

As favelas são bairros densamente povoados que tiveram origem no século XIX devido a transformações sociais resultantes da abolição da escravidão e do desenvolvimento industrial do país. As favelas são zonas associadas a pobreza extrema e resultam da distribuição desigual da riqueza no país. No Rio de Janeiro, existem quatro favelas para cada bairro residencial, e nelas vivem mais de 1 milhão e 300 mil pessoas. Os bandos de criminosos concentram-se nestas zonas, e é também nas favelas e nos bairros periféricos que se verifica uma maior taxa de homicídios. Também há muita violência entre grupos de jovens envolvidos com o tráfico de droga nas favelas do Rio de Janeiro.

No Rio de Janeiro, também o idioma sofreu

algumas transformações e a gíria carioca tem muitas expressões típicas, tais como: *amarelar* (desistir, ficar com medo), *bolado* (surpreso, confuso), *caô* (mentira), *cara-de-pau* (pessoa atrevida que faz algo sem sentir vergonha), *coé* (contração da expressão "qual é"), *já é* (gíria usada para confirmar algo que vai acontecer), etc.

Lá em baixo, na cidade do Rio, vivem os ricos. É incrível como estes dois mundos tão diferentes se encontram tão próximos. Geograficamente muito próximos e socialmente muito afastados. Naturalmente, muitos habitantes das favelas saem das encostas das montanhas durante o dia e deslocam-se para a parte rica para ganhar algum dinheiro. A maior parte tem trabalhos simples, como vendedores de praia ou engraxadores. Infelizmente, alguns são também criminosos, pois sentem-se tentados a ganhar dinheiro rapidamente quando há tanta riqueza ali tão perto.

O Luíz é engraxador. De manhã, ele caminha durante mais de 2 horas desde a sua favela até ao vale de Copacabana. Copacabana é um bairro muito famoso e prestigiado situado na zona sul do Rio de Janeiro. Recebe muitos turistas, que procuram as suas praias e hotéis. Ele admira as pessoas ricas e bonitas. Ele também quer ter todo aquele dinheiro e ir para a universidade. Mas as universidades são muito caras e são, portanto, reservadas aos ricos. O Luíz trabalha muito e praticamente não tem tempo para jogar futebol com os amigos. Todos os seus amigos jogam futebol. A sua motivação aumentou quando um rapaz mais velho da sua favela, o Bernardo, foi convidado para uma sessão de treino na equipa do Flamengo e acabou por ganhar muito dinheiro como jogador. Ele é a estrela da favela.

O Luíz nasceu na pobreza e é provável que seja pobre para sempre. Há sempre a tentação de se tornar um criminoso e integrar um bando. Mas o Luíz prometeu à mãe que seria sempre um rapaz honesto. Afinal, o seu pai morreu por estar envolvido em atividades criminosas na favela. O Luíz é muito religioso e acredita que é mais correto ganhar a vida honestamente sem magoar ninguém.

Infelizmente, o Luíz não ganhou nada hoje e vai à noite para casa a sentir-se frustrado. Ninguém parou para engraxar os sapatos. Ele está muito triste, especialmente porque a sua mãe está a contar com o dinheiro. Além disso, os seus três irmãos mais novos precisam de comer. Ele aproxima-se lentamente da porta e entra em casa. Na cozinha encontra um envelope em cima da mesa com o seu nome escrito. A mãe entra e diz:

– Quem entregou esse envelope hoje foi a Gabriela, a irmã do Bernardo.

O Luíz ignora o envelope e deixa-se cair no sofá velho. A mãe aproxima-se.

– Não correu bem o dia? – Ela pergunta, num tom carinhoso.

– Não, mamãe. Nem um cliente. – Responde o Luíz, sem tirar os olhos do teto.

– Filho, amanhã será um novo dia. Agora descanse e não fique pensando nisso. Há dias assim. – A mãe tenta confortar o rapaz. Ela sabe que ele é apenas uma criança, mas que está a crescer e daqui a nada será um adolescente e terá outras aspirações. O mundo do crime será uma tentação ainda maior para ele. Ela quer evitar esse desfecho ao máximo. – Você tem sido uma grande ajuda para mim, querido. Estou muito agradecida. Agora não pense nisso. Amanhã será melhor. Agora, abra o envelope, pois pode ser importante.

O Luíz levanta-se do sofá a custo e a mãe dá-lhe um beijo na cabeça. Ele vai até à cozinha e abre o envelope. No seu interior, encontra dois bilhetes grátis para o jogo entre o Flamengo e o Vasco da Gama. O Luíz nunca teria dinheiro para comprar aqueles bilhetes. Sente-se radiante e pensa por um instante: *se a gente for honesta, a vida retribui.*

No dia seguinte, o Luíz vai a Copacabana de bom humor e sorri o dia inteiro. O seu bom humor contagia os clientes e, naquele dia, engraxa mais sapatos do que nunca e ainda tem tempo para uma *peladinha* com os amigos da favela ao final da tarde.

Perguntas:

1. Onde é que o personagem principal engraxa sapatos?
   a) Copacabana
   b) Ipanema
   c) Barra da Tijuca
   d) Joatinga

2. Onde vive o Luíz?
   a) Tribo
   b) Praia
   c) Avenida
   d) Favela

3. Porque é que o Luíz foi triste para casa naquele dia?
   a) Perdeu-se no caminho
   b) Não teve nenhum cliente
   c) Foi assaltado
   d) O envelope estava vazio

4. Quem é a estrela da favela?
   a) Irmão do Luíz
   b) Irmã de Bernardo
   c) Luíz
   d) Bernardo

5. Em que equipa joga o Bernardo?
   a) Vasco da Gama
   b) Fluminense
   c) Botafogo
   d) Flamengo

Geschichte 11: Luíz, der junge Schuhputzer aus Rio de Janeiro

Luíz ist zwölf Jahre alt und lebt in einer Favela in Rio de Janeiro. Rio de Janeiro hat eine große Anzahl von Favelas an den Berghängen, so wie es in vielen großen Städten Brasiliens der Fall ist. Die armen und teilweise illegalen Bezirke liegen meist an den Berghängen und sind Gegenden, die ihre eigenen Gesetze haben. Hier herrschen kriminelle Banden, und die Menschen leben auf engstem Raum. Oftmals hat die Polizei keine Kontrolle in den Favelas, und die Regierung zählt weder die Menschen noch die Toten.

Favelas sind dicht besiedelte Bezirke, die im 19. Jahrhundert aufgrund des sozialen Wandels infolge der Abschaffung der Sklaverei und der industriellen Entwicklung des Landes entstanden sind. Favelas sind Stadtgebiete, die mit extremer Armut verbunden sind und aus der ungleichen Verteilung des Reichtums im Land entstehen. In Rio de Janeiro gibt es in jedem Wohnviertel vier Favelas, in denen insgesamt über 1,3 Millionen Menschen leben. In diesen Gebieten finden sich kriminelle Banden, und es sind auch die Favelas und Randgebiete, in denen es die höchsten Mordraten gibt. In den Favelas von Rio de Janeiro gibt es außerdem viel Gewalt unter Jugendgruppen, die in den Drogenhandel verwickelt sind.

In Rio de Janeiro hat auch die Sprache einige Veränderungen erfahren, und der Carioca-Slang hat viele typische Ausdrücke, wie z.B.: „amarelar" (aufgeben, Angst bekommen), „bolado" (überrascht, verwirrt), „caô" (Lüge), „cara-de-pau" (frecher Mensch, der etwas tut, ohne sich zu schämen), „coé" (Zusammenziehung des Ausdrucks „qual é" – „Was ist?"), „já é" (Phrase, die benutzt wird, um etwas zu bestätigen, das passieren soll), usw.

Dort unten, in der Stadt Rio, leben die Reichen. Es ist erstaunlich, wie nahe diesen beiden Welten beieinander liegen. Geografisch sehr nahe und sozial sehr weit voneinander entfernt. Natürlich verlassen viele Favela-Bewohner tagsüber die Berghänge, und sie zieht es in den reichen Teil, um etwas Geld zu verdienen. Die meisten von ihnen haben einfache Jobs, wie zum Beispiel Strandverkäufer oder Schuhputzer. Leider gibt es auch einige Kriminelle, die versuchen, schnell Geld zu verdienen, wenn es so nah so viel Reichtum gibt.

Luíz ist ein Schuhputzer. Am Morgen wandert er mehr als 2 Stunden lang von seiner Favela zum Copacabana-Tal. Copacabana ist ein sehr bekanntes und angesehenes Viertel in der Südzone von Rio de Janeiro. Es wird von vielen Touristen besucht, die die Strände und Hotels aufsuchen. Er bewundert die reichen und schönen Menschen. Er würde auch gerne so viel Geld haben und auf die Universität gehen. Aber

Universitäten sind sehr teuer und daher den Reichen vorbehalten. Luíz arbeitet hart und hat dadurch so gut wie keine Zeit, mit seinen Freunden Fußball zu spielen. Alle seine Freunde spielen Fußball. Es war sehr motivierend als ein älterer Junge aus seiner Favela, Bernardo, zu einer Trainingseinheit der Mannschaft von Flamengo (Flamengo Rio de Janeiro) eingeladen wurde, und schließlich als Spieler viel Geld verdiente. Er ist der Star der Favela.

Luíz wurde in Armut geboren und wird wahrscheinlich auch immer arm bleiben. Es widersteht immer der Versuchung, ein Krimineller zu werden und sich einer Bande anzuschließen. Denn Luíz hat seiner Mutter versprochen, dass er immer ein ehrlicher Junge sein werde. Schließlich starb sein Vater, da er in kriminelle Machenschaften in der Favela verwickelt war. Luíz ist sehr religiös und glaubt, dass es richtiger ist, seinen Lebensunterhalt ehrlich zu verdienen, ohne jemanden zu verletzen.

Leider hat Luíz heute Abend kein Geld eingenommen und geht abends frustriert nach Hause. Niemand hat angehalten, um seine Schuhe putzen zu lassen. Er ist sehr traurig, zumal seine Mutter fest mit dem Geld rechnet. Außerdem müssen seine drei kleinen Brüder essen. Er nähert sich langsam der Tür und betritt das Haus. In der Küche findet er auf dem Tisch einen Umschlag mit seinem Namen darauf. Seine Mutter tritt ein und sagt:

„Gabriela, Bernardos Schwester, hat diesen Umschlag heute abgegeben."

Luíz ignoriert den Umschlag und lässt sich auf das alte Sofa fallen. Die Mutter kommt näher.

„Lief dein Tag nicht gut?", fragt sie in liebevollem Ton.

„Nein, Mama. Kein Kunde.", Luíz antwortet, ohne den Blick von der Decke zu lassen.

„Mein Junge, morgen kommt ein neuer Tag. Jetzt ruh dich aus und denke nicht mehr daran. Es gibt Tage wie diesen." Die Mutter versucht, den Jungen zu trösten. Sie weiß, dass er noch ein Kind ist, aber er wächst heran, und bald wird er ein Jugendlicher sein und andere Ambitionen haben. Die kriminelle Welt wird für ihn dann eine noch größere Versuchung sein. Sie will das so gut es geht verhindern. „Du bist mir immer eine große Hilfe gewesen, mein lieber Junge. Ich bin sehr dankbar. Denk jetzt nicht mehr daran. Morgen wird es besser sein. Öffne jetzt den Umschlag, es könnte wichtig sein."

Luíz steht von der Couch auf und gibt seiner Mutter einen Kuss auf den Kopf. Er geht in die Küche und öffnet den Umschlag. Drinnen findet er zwei Freikarten für das Spiel zwischen Flamengo und Vasco da Gama. Luíz hätte niemals Geld, um sich solche Tickets zu kaufen. Er strahlt und denkt einen Moment lang: Wenn man ehrlich ist, gibt das Leben einem etwas zurück.

Am nächsten Tag fährt Luíz gut gelaunt an die Copacabana und lächelt den ganzen Tag. Seine gute Laune lockt die Kunden an, und an diesem Tag putzt er mehr Schuhe als je zuvor und hat am Ende des Nachmittags noch Zeit für ein Fußballspiel mit seinen Freunden aus der Favela.

Conto 12: Ângela, a vendedora de mercado em Timor-Leste

A parte ocidental da ilha de Timor pertence à Indonésia. Existem muitas línguas em Timor-Leste pelas quais os grupos étnicos da ilha também se distinguem. No entanto, existem duas línguas comuns que quase todas as pessoas entendem: a língua portuguesa, devido à colonização dos portugueses, que governaram a ilha durante vários séculos e se retiraram apenas nos anos setenta; e o tétum, uma língua asiática que também contém alguns elementos do português devido à grande influência da colonização. O indonésio também é omnipresente entre as gerações mais jovens, enquanto as gerações mais velhas estão familiarizadas com o português. Após a colonização de Portugal, o país foi então governado pela Indonésia e só se tornou independente em 2002. Havia muitos problemas e a população foi muito oprimida até 2002, o que ainda se reflete na pobreza do país. Há muita gente, incluindo muitas crianças, a viver abaixo do limiar da pobreza.

O português timorense é altamente influenciado pelas línguas nativas, em particular o tétum. A diversidade linguística nesta região transparece também através dos grupos étnicos, que chegam a falar cinco línguas diferentes.

Há um mercado na capital, Díli, onde a Ângela trabalha. O mercado, com as tendas adaptadas e toldos de todas as cores, está repleto de bancas e cestas recheadas de alimentos e tecidos. A Ângela é uma mulher casada de 53 anos e o seu marido trabalha num campo e traz fruta e legumes frescos todas as noites. A Ângela vende esses alimentos no mercado no dia seguinte. Infelizmente, existem poucos turistas no mercado e em Timor-Leste. Há pouco dinheiro a entrar no país. A Ângela acomoda-se no chão, no seu lugar habitual, e aguarda os clientes. Ela não tem uma banca nem um toldo, mas a sua fruta fresca tem bom aspeto e o aroma é maravilhoso. O clima em Timor é tropical, apresentando as características típicas dos países na zona do equador: duas estações climáticas, uma seca e outra chuvosa. As comidas típicas timorenses são muito saborosas e contam a sua própria história. A culinária tem influências portuguesas, indonésias e de outros países. A katupa é um dos pratos mais típicos e consiste num bolinho de arroz cozido em leite de coco. O peixe assado também é muito consumido juntamente com a katupa.

A Ângela sente-se cansada, mas tem a esperança de conseguir vender todos os seus produtos, pois precisa do dinheiro. Contudo, o dia passa e ninguém mostra interesse nos seus alimentos. No final da tarde, ela ouve uma banda a tocar na esquina. O cantor canta em português e a canção recorda os anos difíceis do violento domínio dos indonésios. A Ângela lembra-se bem dessa época. A letra é muito emocionante. Foram reduzidas a cinzas centenas de aldeias e as florestas também não foram poupadas. A Ângela tinha tomado a decisão de não ter filhos naquela época, pois eram tempos muito difíceis. Mas todos estes anos depois, ela ainda sente um pouco de mágoa por não ter tido a oportunidade de viver a experiência da maternidade.

Uma lágrima escorre pelo seu rosto. Ela, então, decide caminhar ao longo da costa marítima. Há muito tempo que não aproveitava para desfrutar da praia e da água, porque estava sempre a trabalhar no mercado, tentando vender os seus produtos. A biodiversidade marinha de Timor é enorme. Há muitos peixes e corais maravilhosos, o que faz com que a ilha seja muito visitada pelos amantes de mergulho e da vida marinha.

A Ângela regressa à sua zona rural, para junto do marido, de olhos postos no chão. A caminhada fê-la sentir-se melhor, mas ainda estava triste por não ter conseguido vender as frutas e legumes. O marido repara na sua expressão séria e pergunta-lhe:

– Estás bem, querida?

– Não apareceram clientes hoje. Não vendi nada.

– Ela responde, em jeito de pedido de desculpa.

O marido tira-lhe o saco com os legumes da mão e encaminha-a para fora da cabana com o braço pousado nos seus ombros.

– Não percebes como nós somos ricos? Temos mais do que suficiente para comer e a paisagem mais bonita de Timor-Leste. – O marido contempla a paisagem verdejante e sorri com felicidade.

A Ângela abraça o marido e agradeceu aquele momento. Por vezes, esquecia-se que estavam os dois bem e de saúde, e que viviam numa ilha de beleza arrebatadora. Não trocava aquele lugar por nenhum outro. À noite, ela prepara uma refeição maravilhosa para o marido com os vegetais não vendidos. Aproveita também para convidar os seus vizinhos para a pequena cabana e juntos partilham um belo serão consumindo aquelas frutas e vegetais tão preciosos e aromáticos. O que mais poderia desejar?

Perguntas:

1. Qual a capital de Timor-Leste?
   a) Kupang
   b) Baucau
   c) Díli
   d) Maliana
2. Além da língua portuguesa, qual o outro idioma mais falado em Timor?
   a) Tétum
   b) Baiqueno
   c) Ataurense
   d) Fataluco
3. Como se chama a comida típica de Timor-Leste?
   a) Catuca
   b) Cachupa
   c) Fruta
   d) Katupa
4. Que acontecimento teve um impacto feroz e opressor em Timor-Leste?
   a) Invasão japonesa
   b) Invasão malaia
   c) Invasão portuguesa
   d) Invasão indonésia
5. Qual o resultado dessa invasão tão violenta?
   a) A população vive na pobreza
   b) A biodiversidade marinha foi prejudicada
   c) A paisagem foi completamente destruída
   d) As crianças tiveram mais oportunidades de ensino

Geschichte 12: Angela, die Marktverkäuferin in Osttimor

Der westliche Teil der Insel Timor gehört zu Indonesien. Es gibt viele Sprachen in Timor-Leste, durch die sich auch die ethnischen Gruppen der Insel auszeichnen. Es gibt jedoch zwei gemeinsame Sprachen, die fast alle Menschen verstehen: Die portugiesische Sprache, aufgrund der Kolonisierung der Portugiesen, die die Insel mehrere Jahrhunderte lang beherrschten und sich erst in den 1970er Jahren zurückzogen; und Tetum, eine asiatische Sprache, die auch einige Elemente des Portugiesischen durch den großen Einfluss der Kolonisierung enthält. Außerdem ist Indonesisch bei den jüngeren Generationen allgegenwärtig, während die älteren Generationen mit Portugiesisch vertraut sind. Nach der Kolonisierung Portugals wurde das Land im Anschluss von Indonesien regiert und erst 2002 unabhängig. Dadurch gab es viele Probleme, und die Bevölkerung wurde bis 2002 unterdrückt, was sich immer noch in der heutigen Armut des Landes zeigt. Es gibt viele Menschen, darunter viele Kinder, die unterhalb der Armutsgrenze leben.

Das timoresische Portugiesisch ist stark von den einheimischen Sprachen, insbesondere von Tetum, beeinflusst. Die sprachliche Vielfalt in dieser Region wird auch durch die ethnischen Gruppen deutlich, die bis zu fünf verschiedene Sprachen sprechen können.

In der Hauptstadt Dili, in der Angela arbeitet, gibt es einen Markt. Der Markt mit seinen improvisierten Zelten und Markisen in allen Farben ist voll von Ständen und Körben, die mit Lebensmitteln und Stoffen gefüllt sind. Angela ist eine 53-jährige verheiratete Frau. Ihr Mann arbeitet auf einem Feld und bringt jeden Abend frisches Obst und Gemüse mit. Angela verkauft diese Lebensmittel am nächsten Tag auf dem Markt. Leider gibt es nur wenige Touristen auf dem Markt und in Osttimor. Es kommt nur wenig Geld in das Land. Angela setzt sich an ihren gewohnten Platz auf den Boden und wartet auf die Kunden. Sie hat weder einen Stand noch eine Markise, aber ihr frisches Obst sieht gut aus, und der Geschmack ist wunderbar. Das Klima in Timor ist tropisch, mit den typischen Eigenschaften der Länder der Äquatorzone: Zwei Jahreszeiten, eine trockene und eine regnerische. Das typische timoresische Essen ist sehr schmackhaft und erzählt seine eigene Geschichte. Die Küche hat Einflüsse aus Portugal, Indonesien und anderen Ländern. Katupa ist eines der typischsten Gerichte und besteht aus einem mit Kokosnussmilch gebackenen Reiskuchen. Häufig wird auch gebackener Fisch zusammen mit Katupa gegessen.

Angela fühlt sich müde, hofft aber, alle ihre Produkte verkaufen zu können, weil sie das Geld braucht. Doch der Tag vergeht und niemand zeigt Interesse an ihren Früchten. Am Abend hört sie an der Ecke eine Band spielen. Der Sänger singt auf Portugiesisch, und das Lied erinnert an die schwierigen Jahre der indonesischen Gewaltherrschaft. Angela erinnert sich gut an diese Zeit. Die Texte sind sehr berührend. Hunderte von Dörfern sind in Schutt und Asche gelegt worden, und auch die Wälder sind nicht verschont geblieben. Angela hatte damals die Entscheidung getroffen, keine Kinder zu bekommen, weil es sehr schwierige Zeiten waren. Dennoch fühlt sie sich nach so vielen Jahre immer ein wenig traurig, weil sie nicht die Gelegenheit hatte, die Erfahrung zu machen, Mutter zu sein.

Eine Träne tropft ihr in das Gesicht. Dann beschließt sie, am Meeresufer entlang zu gehen. Den Strand und das Wasser hat sie schon lange nicht mehr genossen, weil sie immer auf dem Markt arbeitete und versuchte, ihre Produkte zu verkaufen. Die Vielfalt des Meeres von Timor ist enorm. Es gibt viele wunderbare Fische und Korallen, weshalb die Insel von Liebhabern des Tauchens und des Meereslebens oft besucht wird.

Angela kehrt in ihre ländliche Gegend zurück, mit den Augen zum Boden gerichtet, zu ihrem Mann. Nach dem Spaziergang fühlte sie sich besser, aber sie war immer noch traurig, dass sie das Obst und Gemüse nicht verkaufen konnte. Der Ehemann bemerkt ihren ernsten Gesichtsausdruck und fragt sie:

„Geht es dir gut, meine Liebe?“

„Heute sind keine Kunden erschienen. Ich habe nichts verkauft", antwortet sie entschuldigend.

Ihr Mann nimmt ihr die Tasche mit dem Gemüse aus der Hand und schiebt sie aus der Hütte mit seinem Arm über ihre Schultern.

„Siehst du nicht, wie reich wir sind? Wir haben mehr als genug zu essen und die schönste Landschaft hier in Osttimor." Ihr Mann betrachtet die grüne Landschaft und lächelt fröhlich.

Angela umarmt ihren Mann und dankt ihm für diesen Moment. Manchmal vergaß sie, dass sie beide gesund und munter waren und dass sie auf einer Insel von atemberaubender Schönheit lebten. Sie würde diesen Platz gegen keinen anderen tauschen. Am Abend bereitet sie ihrem Mann mit dem nicht verkauften Gemüse ein wunderbares Essen zu. Sie lädt auch ihre Nachbarn in die kleine Hütte ein, und gemeinsam verbringen sie einen schönen Abend, während sie dieses wunderbare und leckere Obst und Gemüse essen. Was konnte sie sich mehr wünschen?

Conto 13: Um mar de fantasia em Lisboa, Portugal

A Rita é uma menina de 10 anos natural de Vila Real, no Norte de Portugal, que nunca visitou a capital do seu país. Os seus pais têm uma vida muito atarefada e raramente viajam. A Rita conhece apenas as cidades do Porto, Braga e Coimbra e revê com frequência as fotografias dessas viagens para recordar os fantásticos momentos vividos em família naquelas maravilhosas cidades portuguesas. Contudo, o sonho da Rita é visitar o Oceanário de Lisboa.

A Rita adora o mundo aquático. A vida marinha fascina-a e a sua princesa favorita é a sereia Ariel, com quem partilha os seus fartos cabelos ruivos. Aprendeu a nadar desde cedo e adora as aulas de natação. Sente-se muito confortável dentro de água e é uma nadadora exímia para a sua idade. Os seus pais orgulham-se muito dela quando assistem às suas provas e a vêm subir ao pódio.

Numa sexta-feira chuvosa de novembro, a Rita está sentada à mesa de jantar com os pais e a mãe diz:

– Filhota, no próximo fim de semana, os papás vão estar livres e estávamos a pensar dar um passeio.

O olhar da Rita brilha. – Onde vamos, mamã?! – Pergunta a menina, num impulso.

– Sabemos que é um grande sonho teu, então

resolvemos comprar bilhetes para o Oceanário de Lisboa. O que me dizes? – Pergunta o pai, sorrindo para ela.

– Estás a falar a sério? – Pergunta a menina, incrédula.

– Sim, vamos visitar os tubarões! – Diz o pai, com uma careta.

– Obrigada, papá! Obrigada, mamã! – Agradece a menina, radiante.

A Rita passa a semana num estado de ansiedade permanente. Conta a todos os amigos na escola e volta a contar mais uma vez. Quando o dia chega, a Rita mal consegue dormir. Sonha acordada com as lontras, as raias, os pinguins, os cavalos-marinhos e todos os peixes das mais variadas cores.

Partem cedo para Lisboa. A viagem de algumas horas parece não ter fim para a Rita. Param numa estação de serviço no caminho para apanhar um pouco de ar e abastecer o depósito do carro e retomam a viagem. Chegados a Lisboa, a família almoça num restaurante próximo do Oceanário e para lá seguem no final. A Rita sabe que está prestes a viver uma experiência fantástica, mas aquilo que a espera vai além da sua imaginação.

A Rita entra no Oceanário como uma flecha e

percorre os corredores da entrada totalmente fascinada. Aprende que existem mais de 30 aquários e oito mil organismos de quinhentas espécies diferentes e que o aquário central tem mais de 5 milhões de litros de água. Ao longo da exposição, existem diversas frases e poemas com temáticas sobre o mar que a Rita lê com muita atenção.

Quando vê o aquário central pela primeira vez, a Rita encosta as mãos ao vidro e contempla com espanto todos aqueles seres vivos a percorrer preguiçosamente o espaço, como se voassem. As barbatanas das raias e das mantas parecem asas e o aquário um vasto céu submerso. A Rita nunca imaginou sentir tanta tranquilidade naquele lugar. Senta-se no chão, cruza as pernas e assiste calmamente aos movimentos dos animais à sua frente. Nem a expressão austera dos tubarões perturba aquela paz silenciosa. A Rita olha para trás e sorri para os pais, agradecida. Os pais aproximam-se da menina e sentam-se a seu lado, os seus corações inundados da mesma tranquilidade.

Ficam ali, juntos, durante muito tempo. Por fim, a Rita levanta-se e pede para continuarem a visita. Vê os cavalos-marinhos, os polvos, e até uns peixes que pareciam ter luz própria. Fica encantada com os pinguins e as lontras.

– Mamã, papá! As lontras estão de mãos dadas! – Diz a menina, apontando para os dois mamíferos a flutuar à sua frente.

– Sim, as lontras dão as mãos para não se afastarem umas das outras quando dormem. – Explica a mãe.

A Rita fica maravilhada e acha aqueles animais ainda mais fantásticos.

Voltam a percorrer os corredores do tranquilo edifício e a Rita fica com a sensação de que uma grande garoupa olha para ela e segue os seus movimentos. Os pais da Rita contemplam distraídos o implacável tubarão e a Rita observa curiosa aquele volumoso peixe que segue os seus passos.

– Estás a seguir-me, grande peixe? – Pergunta a Rita, erguendo uma sobrancelha.

O peixe encosta-se ao vidro ao nível da sua cara e sacode as barbatanas. – Finalmente alguém me dá atenção. – Diz o peixe cinzento.

A Rita dá um salto para trás e abre muito os olhos. *O peixe falou?* A Rita agita a cabeça, esfrega os olhos e aproxima-se novamente do vidro. O peixe prossegue:

– Olá, eu sou a Garoupa Fátima e vivo neste aquário. Como te chamas?

A menina organiza as ideias e acaba por se apresentar: – O meu nome é Rita, sou de Vila Real e estou de visita a Lisboa. Tu falas?

– Todos os animais neste aquário falam, mas poucas pessoas nos escutam. Tu és muito simpática. Estás a gostar da visita? – Pergunta a garoupa, soltando pequenas bolhas de ar.

– Muito! Eu adoro o mar e a vida marinha e era um sonho visitar o Oceanário de Lisboa. És feliz aqui?

– Sim, muito. Tenho muitos amigos aqui e adoro ver o sorriso das crianças que nos visitam.

A menina sente um grande carinho por aquele ser marinho. – Quem me dera ter barbatanas e guelras e ir nadar horas a fio contigo e com os teus amigos.

– Não és um peixe, mas podes aprender a mergulhar. Depois usas aqueles fatos justos e uma garrafa de ar e és quase um peixe!

Aquela ideia agradou muito a criança e promete ao peixe que faria isso um dia. As duas conversam mais um bocadinho e, quando os pais da Rita se aproximam, a criança despede-se da bela garoupa num sussurro e dá a mão à mãe.

A família abandona o edifício no final da tarde e a criança diz que decidiu ser mergulhadora e nadar no fundo do oceano, como a Ariel. Os pais sorriem perante a convicção súbita da criança e seguem para o carro.

– Onde vamos agora, papá? – Pergunta a Rita.

– Que me dizes de uns pastéis de Belém?

– Sim!!!

Perguntas:

1. Onde vive a Rita?
   a) Em Braga
   b) Em Londres
   c) Em Lisboa
   d) Em Vila Real

2. Qual é a princesa favorita da Rita?
   a) Ariel
   b) Mulan
   c) Elsa
   d) Branca de Neve

3. O aquário central do Oceanário de Lisboa tem quantos litros?
   a) Mais de 10 milhões de litros de água
   b) Menos de 10 litros de água
   c) Mais de 5 milhões de litros de água
   d) Menos de 50 litros de água

4. Como se chama o peixe que conversou com a Rita?
   a) Luísa
   b) Cátia
   c) Fátima
   d) Isabel

5. A família foi comer um doce típico português no final da história. Qual?
   a) Pudim Abade de Priscos
   b) Pastéis de Belém
   c) Pastéis de Tentúgal
   d) Queijadas de Sintra

Geschichte 13: Ein Meer von Phantasie

Rita ist ein 10-jähriges Mädchen aus Vila Real, im Norden Portugals, das die Hauptstadt ihres Landes noch nie besucht hat. Ihre Eltern sind im Leben sehr beschäftigt und reisen selten. Rita kennt nur die Städte Porto, Braga und Coimbra, und sie spricht oft über die Fotos dieser Reisen, um sich an die fantastischen Momente zu erinnern, die sie in der Familie in diesen wunderbaren portugiesischen Städten erlebt haben. Ritas Traum ist es jedoch, das Lissabonner Ozeanarium zu besuchen.

Rita liebt die Wasserwelt. Das Meeresleben fasziniert sie, und ihre Lieblingsprinzessin ist die Meerjungfrau Ariel, mit der sie ihr volles rotes Haar teilt. Sie hat von klein auf schwimmen gelernt und liebt den Schwimmunterricht. Sie fühlt sich im Wasser sehr wohl und ist eine ausgezeichnete Schwimmerin für ihr Alter. Ihre Eltern sind sehr stolz auf sie, wenn sie ihre Schwimmwettbewerbe verfolgen und sie auf dem Siegerpodest sehen.

An einem verregneten Freitag im November sitzt Rita mit ihren Eltern am Esstisch und ihre Mutter sagt:

„Meine Tochter, nächstes Wochenende hat Papa frei, und wir dachten daran, einen Ausflug zu machen."

Ritas Blick strahlt. „Wo gehen wir hin, Mami?!", fragt das Mädchen aus einem Impuls heraus.

„Wir wissen, dass es ein großer Traum von dir ist, also haben wir beschlossen, Karten für das Lissabonner Ozeanarium zu kaufen. Was sagst du dazu?“, fragt der Vater und lächelt sie an.

„Im Ernst?“, fragt das Mädchen ungläubig.

„Ja, lasst uns die Haie besuchen!“, sagt der Vater mit einer Grimasse.

„Danke Papa! Danke Mama!“, dankt das Mädchen strahlend.

Rita verbringt die Woche in einem Zustand ständiger Ungeduld. Sie erzählt es all ihren Freunden in der Schule und erzählt es ihnen noch einmal. Als der Tag kommt, kann Rita kaum schlafen. Sie träumt von Ottern, Rochen, Pinguinen, Seepferdchen und all den Fischen in verschiedenen Farben.

Sie brechen früh nach Lissabon auf. Die mehrstündige Reise scheint für Rita kein Ende zu haben. Unterwegs halten sie an einer Tankstelle an, um etwas Luft zu schnappen, das Auto aufzutanken und die Reise fortzusetzen. In Lissabon angekommen, isst die Familie in einem Restaurant in der Nähe des Ozeanariums zu Mittag und fährt am Ende dorthin weiter. Rita weiß, dass ihr eine fantastische Erfahrung bevorsteht, aber was sie erwartet, übersteigt ihre Vorstellungskraft.

Rita flitzt in das Ozeanarium wie ein Pfeil und läuft völlig fasziniert durch die Flure des Eingangs. Sie erfährt, dass es mehr als 30 Aquarien und 8.000 Organismen von fünfhundert verschiedenen Arten gibt und dass das zentrale Aquarium mehr als 5 Millionen Liter Wasser enthält. In der gesamten Ausstellung finden sich mehrere Sprichworte und Gedichte, die über das Meer handeln, welche Rita sehr aufmerksam liest.

Als sie das zentrale Aquarium zum ersten Mal sieht, legt Rita ihre Hände auf das Glas und betrachtet mit Erstaunen all die Lebewesen, die faul durch den Raum schwimmen, als ob sie fliegen würden. Die Flossen der Rochen und der Manta sehen wie Flügel aus, und das Aquarium ist ein riesiger Unterwasserhimmel. Rita hätte sich nie vorstellen können, sich an diesem Ort so friedlich zu fühlen. Sie setzt sich auf den Boden, kreuzt die Beine und beobachtet leise, wie sich die Tiere vor ihr bewegen. Nicht einmal der strenge Ausdruck der Haie stört diesen stillen Frieden. Rita blickt zurück und lächelt ihre Eltern dankbar an. Die Eltern nähern sich dem Mädchen und setzen sich neben sie, ihre Herzen sind mit der gleichen Ruhe erfüllt.

Sie bleiben dort, zusammen, für eine lange Weile. Schließlich steht Rita auf und bittet, weiterzugehen (den Besuch fortzusetzten). Sie sieht die Seepferdchen, die Tintenfische und sogar einige Fische, die ihr eigenes Licht zu haben scheinen. Sie ist begeistert von den Pinguinen und den Ottern.

„Mama, Papa! Die Otter halten Händchen!“, sagt das kleine Mädchen und zeigt auf die beiden vor ihr schwebenden Säugetiere.

„Ja, Otter halten sich an den Händen“, damit sie sich nicht verlieren, wenn sie schlafen.“, erklärt ihr die Mutter.

Rita ist erstaunt und findet diese Tiere noch fantastischer.

Sie gehen wieder durch die Korridore des ruhigen Gebäudes, und Rita hat das Gefühl, dass ein großer Zackenbarsch sie ansieht und ihren Bewegungen folgt. Ritas Eltern beobachten abgelenkt den skrupellosen Hai, und Rita beobachtet neugierig den voluminösen Fisch, der ihre Schritte verfolgt.

„Verfolgst du mich, großer Fisch?“, fragt Rita und hebt eine Augenbraue.

Der Fisch lehnt sich in Höhe ihres Gesichtes gegen das Glas und schüttelt seine Flossen. „Endlich schenkt mir jemand Aufmerksamkeit.“, sagt der graue Fisch.

Rita springt zurück und öffnet ihre Augen weit. Der Fisch hat gesprochen? Rita schüttelt den Kopf, reibt sich die Augen und nähert sich wieder dem Glas. Der Fisch fährt fort:

„Hallo, ich bin der Zackenbarsch Fatima und ich lebe in diesem Aquarium. Wie ist dein Name?"

Das Mädchen ordnet ihre Gedanken und stellt sich schließlich vor: „Mein Name ist Rita, ich komme aus Vila Real und besuche Lissabon. Du sprichst?"

„Alle Tiere in diesem Aquarium sprechen, aber nur wenige Menschen hören uns zu. Du bist sehr nett. Genießt du deinen Besuch?", fragt sie der Zackenbarsch und lässt dabei kleine Luftblasen frei.

„Sehr! Ich liebe das Meer und die Meereslebewesen, und es war ein Traum, das Lissabonner Ozeanarium zu besuchen. Bist du hier glücklich?"

„Ja, sehr. Ich habe viele Freunde hier, und ich liebe es, das Lächeln der Kinder zu sehen, die uns besuchen."

Das Mädchen empfindet eine große Zuneigung für dieses Meereswesen. „Ich wünschte, ich hätte Flossen und Kiemen und könnte stundenlang mit dir und deinen Freunden schwimmen gehen."

„Du bist kein Fisch, aber du kannst tauchen lernen. Dann trägt man diese engen Anzüge und eine Luftflasche und ist fast ein Fisch!"

Diese Idee gefiel dem Kind sehr gut und verspricht dem Fisch, dass sie das eines Tages tun würde. Die beiden unterhalten sich noch ein wenig, und als Ritas Eltern näher kommen, verabschiedet sich das Kind flüsternd von dem schönen Zackenbarsch und reicht seiner

Mutter die Hand.

Die Familie verlässt das Gebäude am späten Nachmittag, und das Kind sagt, es habe beschlossen, Taucherin zu werden und wie Ariel auf dem Meeresgrund zu schwimmen. Die Eltern lächeln über die plötzliche Begeisterung des Kindes und steuern auf das Auto zu.

„Wo gehen wir jetzt hin Papa?“, fragt Rita.

„Was sagst du zu etwas Pastéis de Belém (Gebäckspezialität aus Lissabon auch Pastel de Nata)?“

„Ja!!!“

Conto 14: O Raul de São Tomé e Príncipe

As ilhas de São Tomé e Príncipe foram habitadas após a sua descoberta por parte dos navegadores portugueses, no ano 1470. Devido ao clima equatorial e às características vulcânicas das ilhas, o arquipélago foi explorado para o cultivo de cana-de-açúcar e cacau, tendo-se, para tal, importado muitos escravos. O arquipélago ficou sob a governação do povo português até 1975.

O português é a língua oficial e nacional de São Tomé e Príncipe. Praticamente toda a gente fala português e é a língua materna de uma porção significativa da população. São também falados crioulos portugueses, como o forro e o crioulo cabo-verdiano. Nas escolas ensina-se inglês e francês como línguas estrangeiras.

O forro é usado em praticamente toda a ilha de São Tomé. Devido à sua localização geográfica, o arquipélago foi uma zona de comércio de escravos, que eram transportados maioritariamente para o Brasil, mas também para outras colónias. Inicialmente, o forro era a língua falada pelos escravos. Era no Largo das Alfândegas, na cidade de São Tomé, onde se desembarcavam pessoas e bens. O vocabulário deriva quase totalmente da língua portuguesa, e tem influências africanas. Algumas expressões típicas: "Seja lovadu!" (significa "Seja louvado"), "Bom dja ô" (significa "Bom dia") e "Boj notxi ô" (significa "Boa noite").

A população de São Tomé resulta da combinação de povos portugueses e de nativos oriundos da Guiné, Angola, Cabo Verde e Moçambique. Esta mistura criou uma cultura muito rica que se verifica no folclore, no idioma, na dança e na gastronomia. O calulu de peixe e soô de matabala são alguns dos pratos típicos da região. As belas praias de São Tomé e Príncipe chamam muitos turistas e o país tem vindo a potenciar o turismo e o desenvolvimento do país. A atividade pesqueira ainda é uma das principais atividades económicas do país, e a fonte de rendimento de grande parte da população.

O pai do Raul foi pescador, mas o Raul agora utiliza a velha embarcação do pai para realizar visitas turísticas. A vida não é fácil para ele e para a sua família. Vive com a mulher e as duas filhas numa casa de madeira muito pobre. O pequeno barco herdado já está muito velho. O Raul aprendeu com o seu pai a arte da pesca em pequeno e traz na sua memória muitos momentos divertidos com ele, que o faziam esquecer a realidade dura em que viviam. Hoje, teme que a pequena embarcação fique definitivamente inutilizável. Já investiu muito dinheiro em reparações e melhorias no barco e parece que surge sempre um problema novo.

Apesar de a vida ser exigente, o Raul é muito simpático com todos os turistas que transporta na sua embarcação. O povo santomense é realmente conhecido pela sua simpatia e grandes sorrisos. As viagens ao longo da costa são breves, mas muito belas. O Raul gosta de apreciar as reações dos turistas. Embora o país seja economicamente dos mais pobres do mundo, São Tomé e Príncipe apresenta uma riqueza natural enorme, em particular na vida marinha.

O dia de hoje foi produtivo, o Raul realizou muitas visitas e o tempo foi bem passado. Alguns dos turistas eram portugueses e é sempre bom poder conversar com os turistas nas suas visitas guiadas. Além de muito simpático, o Raul é um homem muito curioso e gosta de conhecer as histórias dos turistas portugueses, que costumam mostrar-se recetivos para as partilhar e falar das particularidades da cultura de Portugal. No final do dia, depois de colocar o barco em terra e ajudar um casal inglês a sair do barco, o Raul percebe pelas suas expressões que há algo de errado. A comunicação é difícil, mas o Raul tenta entender o sucedido:

– Algum problema?

O casal de ingleses espreita vezes sem conta para dentro do barco com um ar alarmado e, por fim, explicam-lhe entre palavras soltas e gestos exaltados, que o porta-moedas que traziam deveria ter caído à água durante a viagem, pois não o encontram em lado nenhum. O Raul lamenta o sucedido e, não havendo muito mais a fazer, explica que não há problema, que são coisas que acontecem, para irem embora e não se preocuparem com a situação. O casal desculpa-se e afasta-se com uma expressão muito triste e envergonhada. Apesar do dia não ter acabado tão bem, o Raul não está preocupado, pois foi um dia bastante preenchido.

O que Raul não estava à espera é que, no dia seguinte, ao deslocar-se para junto do seu barco para mais um dia de trabalho, o motor não funcionasse.

– Isto não pode estar a acontecer… – Lamentou o Raul.

Alguns turistas aproximam-se, mas o Raul indica-lhes outros locais para fazerem as visitas. Ele não quer acreditar. Arranjar um motor novo seria caríssimo. O Raul está assustado, não sabe como vai arranjar uma solução. Passa o dia na cidade de São Tomé, a capital, a ver preços de motores usados, mas os preços são demasiado elevados. Além disso, já perdeu um dia de trabalho e não sabe quantos mais se seguirão. *Que solução hei de arranjar?*

O Raul regressa à praia ao final da tarde e encosta-se ao barco, divagando, à procura de uma solução que não conseguiria encontrar. *Será que vou ter de vender o barco e fazer outra coisa? Mas o quê?*

– Desculpe.

O Raul ouve uma voz atrás de si e levanta-se. Para seu espanto, à sua frente está o casal de ingleses que não lhe pagou a viagem no dia anterior. O homem tem um sorriso agradecido no rosto e um porta-moedas na mão, de onde retira um conjunto grande de notas. Sem dizer nada, apenas sorrindo, o homem entrega-lhe o dinheiro e segue caminho, de mão dada com a esposa. O Raul limita-se a agradecer com um aceno e um sorriso. Quando olha para as mãos, surpreende-se com a quantia de dinheiro, que é muitas vezes superior ao valor típico de uma viagem no seu barco. Tem nas suas mãos o valor necessário para adquirir um motor novo e retomar a sua atividade. O Raul sente-se muito agradecido e feliz por poder continuar a fazer visitas e partilhar sorrisos com as pessoas que visitam o seu amado país.

Perguntas:

1. São Tomé e Príncipe foi usado para o cultivo de que alimentos?
   a) Cana-de-açúcar e arroz
   b) Cacau e trigo
   c) Arroz e trigo
   d) Cana-de-açúcar e cacau

2. Quantos filhos tem o Raul?
   a) Três filhas
   b) Três filhos
   c) Um filho
   d) Duas filhas

3. Qual o crioulo mais falado em São Tomé e Príncipe?
   a) Angolar
   b) Forro
   c) Crioulo da Brava
   d) Crioulo do Fogo

4. Qual a capital de São Tomé e Príncipe?
   a) Santo António
   b) São Tomé
   c) Príncipe
   d) Neves

5. Qual a nacionalidade do casal que ofereceu ao Raul muito dinheiro?
   a) Alemã
   b) Portuguesa
   c) Inglesa
   d) Espanhola

Geschichte 14: Raul von São Tomé und Príncipe

Die Inseln São Tomé und Príncipe waren nach ihrer Entdeckung durch portugiesische Seefahrer im Jahr 1470 bewohnt. Aufgrund des äquatorialen Klimas und der vulkanischen Eigenschaften der Inseln wurde die Inselgruppe für den Anbau von Zuckerrohr und Kakao genutzt, und viele Sklaven wurden zu diesem Zweck verschleppt. Die Inselgruppe blieb bis 1975 unter der Herrschaft des portugiesischen Volkes.

Portugiesisch ist die offizielle und nationale Sprache von São Tomé und Príncipe. Praktisch jeder spricht Portugiesisch, das die Muttersprache eines großen Teils der Bevölkerung ist. Es wird auch ein portugiesisches Kreol gesprochen, wie zum Beispiel Forro und kapverdisches Kreolisch. In den Schulen werden Englisch und Französisch als Fremdsprachen unterrichtet.

Forro wird praktisch auf der gesamten Insel São Tomé gebraucht. Aufgrund seiner geographischen Lage war die Inselgruppe ein Gebiet des Sklavenhandels, hauptsächlich nach Brasilien, aber auch in andere Kolonien wurden die Sklaven gebracht. Forro war die Sprache, die ursprünglich von den Sklaven gesprochen wurde. Zum Platz Largo das Alfândegas, in der Stadt São Tomé, wurden die Menschen und Güter zunächst gebracht. Das Vokabular stammt fast ausschließlich aus der portugiesischen Sprache und hat afrikanische

Einflüsse. Einige typische Ausdrücke: „Seja lovadu!" (steht für „Seja louvado" und bedeudet „gelobt werden"), „Bom dja ô" (steht für „Bom dia" und bedeudet „Guten Tag") und „Boj notxi ô" (steht für „Boa noite" und bedeudet „Guten Abend").

Die Bevölkerung von São Tomé setzt sich aus der Kombination von Portugiesen und Ureinwohnern aus Guinea, Angola, Kap Verde und Mosambik zusammen. Durch diese Mischung ist eine sehr vielseitige Kultur entstanden, die sich in den Bräuchen, Sprache, Tanz und Gastronomie widerspiegelt. Die Calulú aus Fisch und Soô de Matabala (ein Eintopf auf Basis von Wurzelgemüse) gehören zu den typischen Gerichten der Region. Die schönen Strände von São Tomé und Príncipe locken viele Touristen an, und das Land hat den Tourismus und die Entwicklung des Landes angekurbelt. Die Fischerei ist nach wie vor eine der wichtigsten wirtschaftlichen Aktivitäten des Landes und die Einkommensquelle eines großen Teils der Bevölkerung.

Rauls Vater war Fischer, aber Raul nutzt nun das alte Boot seines Vaters für touristische Ausflüge. Das Leben ist nicht leicht für ihn und seine Familie. Er lebt mit seiner Frau und seinen beiden Töchtern in einem sehr spärlichen Holzhaus. Das kleine geerbte Boot ist bereits sehr alt. Raul lernte die Kunst des Fischens von seinem Vater, als er noch ein Kind war und erinnert sich an viele amüsante Momente mit ihm, die sie die harte Realität vergessen ließen, in der sie lebten. Er befürchtet nun, dass das kleine Boot endgültig seinen Geist aufgibt. Er hat bereits viel Geld in Reparaturen und Verbesserungen des Bootes investiert, und es scheint, dass immer wieder ein neues Problem auftaucht.

Obwohl das Leben anstrengend ist, ist Raul sehr nett zu all den Touristen, die er in seinem Boot mitnimmt. Die são-toméischen Menschen sind wahrhaftig für ihre Freundlichkeit und ihr großes Lächeln bekannt. Die Fahrten entlang der Küste sind kurz, aber sehr schön. Raul mag dabei die Reaktionen der Touristen sehr. Obwohl das Land wirtschaftlich zu den ärmsten der Welt gehört, verfügt São Tomé und Príncipe über eine enorme natürliche Vielfalt, insbesondere an Meereslebewesen.

Heute war ein produktiver Tag, Raul machte viele Touren, und die Zeit wurde gut genutzt. Einige der Touristen waren Portugiesen, und es ist immer gut, sich bei seinen Touren mit den Touristen unterhalten zu können. Raul ist nicht nur sehr nett, sondern auch sehr neugierig und interessiert sich für die Geschichten portugiesischer Touristen, die normalerweise gerne bereit sind, über die Besonderheiten der portugiesischen Kultur zu sprechen. Am Ende des Tages, nachdem er das Boot an Land gebracht und einem englischen Ehepaar beim

Aussteigen geholfen hat, merkt Raul an ihrer Mimik, dass etwas nicht stimmt. Die Kommunikation ist schwierig, aber Raul versucht zu verstehen, was passiert ist:

„Gibt es ein Problem?"

Das englische Ehepaar schaut immer wieder besorgt in das Boot und erklärt ihm schließlich mit einzelnen Worten und einfachen Gesten, dass das Portmonee, das sie bei sich trugen, während der Bootsfahrt ins Wasser gefallen sein muss, denn sie finden es nirgends. Raul bedauert, was geschehen ist, und da es nicht viel mehr für ihn zu tun gibt, erklärt er, dass es kein Problem gibt, dass die Dinge geschehen, um sie zu vergessen, und sie sich keine Sorgen (über die Bezahlung) machen sollen. Das Paar entschuldigt sich und geht mit einem sehr traurigen und verlegenen Gesichtsausdruck weg. Obwohl der Tag nicht so gut endete, ist Raul nicht besorgt, denn es war ein ziemlich arbeitsreicher Tag.

Was Raul nicht erwartet hatte, beim Einstieg in sein Boot am nächsten Arbeitstag, war, dass der Motor nicht laufen würde.

„Das kann doch nicht wahr sein...", beklagte sich Raul.

Einige Touristen kommen, aber Raul weist sie auf andere Möglichkeiten hin, um Ausflüge zu machen. Er will es nicht glauben. Die Anschaffung eines neuen Motors wäre teuer. Raul hat Angst, ihm fällt keine

Lösung ein. Er verbringt seinen Tag in der Stadt Sao Tomé, der Hauptstadt, und vergleicht die Preise für gebrauchte Motoren, aber die Preise sind zu hoch. Außerdem hat er bereits einen Tag Arbeit verloren und weiß nicht, wie viele weitere folgen werden. „Welche Lösung finde ich?"

Raul kehrt am Ende des Nachmittags an den Strand zurück, lehnt sich an das Boot, schweift umher und sucht weiter nach einer Lösung, die er nicht finden konnte. „Muss ich das Boot verkaufen und etwas anderes machen?" „Aber was?"

„Entschuldigen Sie bitte."

Raul hört eine Stimme hinter sich und steht auf. Zu seinem Erstaunen steht vor ihm das englische Ehepaar, das die Reise am Vortag nicht bezahlt hat. Der Mann hat ein dankbares Lächeln im Gesicht und eine Geldbörse in der Hand, aus der er einen großen Satz Scheine zieht. Ohne etwas zu sagen, nur lächelnd, überreicht ihm der Mann das Geld und macht sich auf den Weg, Hand in Hand mit seiner Frau. Raul dankt ihm einfach mit einem Nicken und einem Lächeln. Als er in seine Hände schaut, ist er überrascht über den Geldbetrag, der um ein Vielfaches höher ist als der gewöhnliche Preis für eine Tour mit seinem Boot. Er hält in seinen Händen den notwendigen Betrag, um sich einen neuen Motor zu kaufen und seine Tätigkeit wieder aufzunehmen. Raul ist sehr dankbar und glücklich, dass er weiterhin Touren machen kann und sein Lächeln mit den Menschen teilen kann, die sein geliebtes Land besuchen.

Anmerkung des Übersetzers:

Bei den Übersetzungen stand im Vordergrund, die Sätze so wörtlich wie möglich zu übersetzen, was jedoch nicht an allen Stellen möglich war. Es ist schwierig abzuwägen zwischen gutem Sprachstil und der wörtlichen anfängerechten Wiedergabe. Ich hoffe, dass ich dafür einen guten Kompromiss gefunden habe.

Konrad Kleefeld

Respostas

Conto 1: O Alfredo de Lisboa fala das ondas da Nazaré aos turistas

1. Que miradouro é referido na história?
   a) Miradouro de São Pedro de Alcântara
   b) Miradouro da Graça
   c) Miradouro de Santa Luzia
   d) Miradouro das Portas do Sol

2. Os pastéis de belém foram criados pelos monges de que mosteiro?
   a) Mosteiro de Alcobaça
   b) Mosteiro da Batalha
   c) Mosteiro dos Jerónimos
   d) Mosteiro da Serra do Pilar

3. Quantas saias vestiam as nazarenas?
   a) Quatro
   b) Nove
   c) Três
   d) Sete

4. Nazaré é uma vila de que distrito?
   a) Braga
   b) Leiria
   c) Lisboa
   d) Porto

5. O que diz o senhor Alfredo a todos os turistas?
   a) Portugal é o país mais bonito do mundo
   b) Lisboa é a cidade das 7 colinas
   c) As ondas da Nazaré são pequenas
   d) Os portugueses são o povo mais simpático do mundo

Conto 2: Gustavo e o seu amor secreto em Manaus, no Brasil

1. Manaus é a capital de que estado brasileiro?
   a) Amazonas
   b) Minas Gerais
   c) Pernambuco
   d) São Paulo

2. O que era o Gustavo antes de fazer pantomima?
   a) Carpinteiro
   b) Ator
   c) Empresário
   d) Pescador

3. O que faz o Gustavo sempre que vê a mulher?
   a) Acena com a mão
   b) Vira a cara
   c) Pisca o olho
   d) Foge

4. Como se chama a mulher?
   a) Cármen
   b) Tatiana
   c) Camila
   d) Carla

5. Como se chama a praça que existe em Manaus que é referida na história?
   a) Praça dos Girassóis
   b) Largo de São Sebastião
   c) Largo do Machado
   d) Largo do Arouche

Conto 3: Uma viagem a Guiné-Bissau

1. Qual a capital da Guiné-Bissau?
   a) Farim
   b) Bissau
   c) Gabu
   d) Mansoa
2. Qual a principal língua estrangeira falada na Guiné-Bissau?
   a) Francês
   b) Português
   c) Espanhol
   d) Inglês
3. Qual a reação das pessoas quando se cruzam com a Luísa e o Joel?
   a) Indiferença
   b) Curiosidade
   c) Agressividade
   d) Cautela
4. Como reage a tia do Joel quando o vê?
   a) Não o reconhece
   b) Reconhece-o e abraça-o
   c) Sorri e acena
   d) Reconhece-o e diz olá
5. Como se chama a comida típica que foi preparada no final da história?
   a) Katupa
   b) Cachupa
   c) Moamba
   d) Yassa

Conto 4: Sara no táxi em Luanda, Angola

1. Em que país de África se desenrola a história?
   a) África do Sul
   b) Moçambique
   c) Angola
   d) São Tomé e Príncipe
2. O que acontece ao táxi?
   a) Avaria
   b) Fura um pneu
   c) Fica sem travões
   d) Não acontece nada
3. Quem ajuda a o taxista a resolver o problema?
   a) Um grupo de jovens
   b) O mecânico
   c) Outro taxista
   d) O gerente do hotel
4. O que afasta as crianças da escola em Angola?
   a) A falta de transportes
   b) O ensino de má qualidade
   c) As doenças
   d) A fome
5. O que oferece a Sara aos jovens?
   a) Comida
   b) Emprego
   c) Um táxi
   d) Dinheiro

Conto 5: O Óscar e o seu pequeno café em São Paulo

1. Em que bairro de São Paulo decorre a história?
   a) Vila Nova Conceição
   b) Vila Olímpia
   c) Vila Uberabinha
   d) Indianópolis

2. Qual é uma das especialidades do Óscar?
   a) Tapioca com mel
   b) Pastel de nata
   c) Pão de queijo
   d) Sumo de laranja

3. O que é que o Óscar quer oferecer à dona Érica?
   a) Pão de queijo
   b) Sumo de laranja
   c) Chocolate
   d) Café

4. Que conselho deu a Érica ao Óscar?
   a) Não deixar que o trabalho domine a vida
   b) Nunca aceitar café grátis
   c) Aproveitar a vida noturna
   d) Não deixar de sorrir

5. Onde se realiza o Carnaval de São Paulo?
   a) Sambódromo da Marquês de Sapucaí
   b) Sambódromo do Anhembi
   c) Sambódromo de Gualeguaychú
   d) Sambódromo do Parque da Estação

Conto 6: Suzanna, a mulher que desfruta da sua vida em Cabo Verde

1. Qual a capital do arquipélago de Cabo Verde?
   a) Santa Cruz
   b) Tarrafal
   c) Praia
   d) Santa Catarina
2. O crioulo de Cabo Verde tem por base que língua?
   a) Inglês
   b) Nenhuma língua
   c) Português
   d) Francês
3. Como se chama a comida típica de Cabo Verde?
   a) Funge
   b) Cachupa
   c) Xiguinha
   d) Cachorro-quente
4. Qual das seguintes atividades não é relevante em Cabo Verde?
   a) Produção de cana de açúcar
   b) Indústria pesqueira
   c) Comércio de frutas exóticas
   d) Construção civil
5. O homem voltou à loja da Suzanna para consumir o quê?
   a) Frutas exóticas
   b) Cachorro-quente
   c) Gelado
   d) Cachupa

Conto 7: Dois alemães viajam de Lagos para Sagres, em Portugal

1. Em que zona de Portugal se desenrola a história?
   a) Madeira
   b) Lisboa
   c) Algarve
   d) Minho
2. Que veículo aluga o casal?
   a) Caravana
   b) Bicicleta
   c) Carro
   d) Motoreta
3. Que praia o casal decide não visitar e tirar apenas uma fotografia?
   a) Praia da Roca
   b) Praia da Rocha
   c) Praia Dona Ana
   d) Praia da Mareta
4. Qual a ponta mais a sudoeste da Europa continental?
   a) Marina de Lagos
   b) Cabo de São Vicente
   c) Ponta de Sagres
   d) Praia da Mareta
5. Que refeição pede o casal no final da história?
   a) Polvo
   b) Ovo
   c) Congro
   d) Robalo

Conto 8: O vendedor de doces de Maputo, em Moçambique

1. Onde se desenrola a história?
   a) Em Lisboa
   b) Em Maputo
   c) Em Luanda
   d) Em Matola

2. O que vende o Óscar?
   a) Doces
   b) Pão
   c) Açúcar
   d) Berlindes

3. Qual o nome da mulher que lhe oferece a sandes?
   a) Laura
   b) Roberta
   c) Maria
   d) Rosa

4. Quantos irmãos tem o Óscar?
   a) Um
   b) Dois
   c) Três
   d) Quatro

5. O que vestia o homem que comprou o cesto de doces?
   a) Fato de treino
   b) Túnica
   c) Calças de ganga
   d) Fato e gravata

Conto 9: A Mariana tem uma paixão secreta na Universidade do Porto, em Portugal

1. Onde nasceu a personagem principal?
   a) Melgaço
   b) Valença
   c) Monção
   d) Braga
2. Em que ano foi fundada a livraria referida na história?
   a) 1881
   b) 1991
   c) 1832
   d) 1899
3. Em que cidade estudou a Mariana?
   a) Lisboa
   b) Porto
   c) Braga
   d) Vila Real
4. Qual dos seguintes eventos universitários foi referido na história?
   a) Enterro da Gata
   b) Receção ao Caloiro
   c) Serenata
   d) Queima das Fitas
5. Por quem se apaixonou a Mariana?
   a) Colega de curso
   b) Amigo de infância
   c) Professor
   d) Rapaz natural do Porto

Conto 10: A Li de Macau, na China

1. Onde trabalha a personagem principal da história?
   a) Num casino
   b) Num restaurante
   c) Nos transportes públicos
   d) Em casa

2. Qual o nome da praça que é referida na história?
   a) Praça do Lótus
   b) Largo de São Domingos
   c) Largo do Senado
   d) Largo da Companhia de Jesus

3. Que culturas influenciam Macau?
   a) Portuguesa e africana
   b) Portuguesa e chinesa
   c) Chinesa e Japonesa
   d) Japonesa e portuguesa

4. Quem ofereceu a viagem ao casal?
   a) O colega de trabalho da Li
   b) A mãe do Roberto
   c) Um primo afastado que vive em Portugal
   d) Um homem que ficou milionário por jogar no casino

5. Onde estava o casal quando a Li lê a mensagem da sorte?
   a) Lisboa
   b) Pequim
   c) Macau
   d) Hong Kong

Conto 11: Luíz, o jovem engraxador do Rio de Janeiro

1. Onde é que o personagem principal engraxa sapatos?
   a) Copacabana
   b) Ipanema
   c) Barra da Tijuca
   d) Joatinga

2. Onde vive o Luíz?
   a) Tribo
   b) Praia
   c) Avenida
   d) Favela

3. Porque é que o Luíz foi triste para casa naquele dia?
   a) Perdeu-se no caminho
   b) Não teve nenhum cliente
   c) Foi assaltado
   d) O envelope estava vazio

4. Quem é a estrela da favela?
   a) Irmão do Luíz
   b) Irmã de Bernardo
   c) Luíz
   d) Bernardo

5. Em que equipa joga o Bernardo?
   a) Vasco da Gama
   b) Fluminense
   c) Botafogo
   d) Flamengo

Conto 12: Ângela, a vendedora de mercado em Timor Leste

1. Qual a capital de Timor-Leste?
   a) Kupang
   b) Baucau
   c) Díli
   d) Maliana
2. Além da língua portuguesa, qual o outro idioma mais falado em Timor?
   a) Tétum
   b) Baiqueno
   c) Ataurense
   d) Fataluco
3. Como se chama a comida típica de Timor-Leste?
   a) Catuca
   b) Cachupa
   c) Fruta
   d) Katupa
4. Que acontecimento teve um impacto feroz e opressor em Timor-Leste?
   a) Invasão japonesa
   b) Invasão malaia
   c) Invasão portuguesa
   d) Invasão indonésia
5. Qual o resultado dessa invasão tão violenta?
   a) A população vive na pobreza
   b) A biodiversidade marinha foi prejudicada
   c) A paisagem foi completamente destruída
   d) As crianças tiveram mais oportunidades de ensino

Conto 13: Um mar de fantasia

1. Onde vive a Rita?
   a) Em Braga
   b) Em Londres
   c) Em Lisboa
   d) Em Vila Real

2. Qual é a princesa favorita da Rita?
   a) Ariel
   b) Mulan
   c) Elsa
   d) Branca de Neve

3. O aquário central do Oceanário de Lisboa tem quantos litros?
   a) Mais de 10 milhões de litros de água
   b) Menos de 10 litros de água
   c) Mais de 5 milhões de litros de água
   d) Menos de 50 litros de água

4. Como se chama o peixe que conversou com a Rita?
   a) Luísa
   b) Cátia
   c) Fátima
   d) Isabel

5. A família foi comer um doce típico português no final da história. Qual?
   a) Pudim Abade de Priscos
   b) Pastéis de Belém
   c) Pastéis de Tentúgal
   d) Queijadas de Sintra

Conto 14: O Raul de São Tomé e Príncipe

1. São Tomé e Príncipe foi usado para o cultivo de que alimentos?
   a) Cana-de-açúcar e arroz
   b) Cacau e trigo
   c) Arroz e trigo
   d) Cana-de-açúcar e cacau

2. Quantos filhos tem o Raul?
   a) Três filhas
   b) Três filhos
   c) Um filho
   d) Duas filhas

3. Qual o crioulo mais falado em São Tomé e Príncipe?
   a) Angolar
   b) Forro
   c) Crioulo da Brava
   d) Crioulo do Fogo

4. Qual a capital de São Tomé e Príncipe?
   a) Santo António
   b) São Tomé
   c) Príncipe
   d) Neves

5. Qual a nacionalidade do casal que ofereceu ao Raul muito dinheiro?
   a) Alemã
   b) Portuguesa
   c) Inglesa
   d) Espanhola

Inhaber: Julius R. Wolff, Hindenburgstr. 17, 31832 Springe

Kritik, Anmerkungen, Lob oder Sonstiges gerne unter:
info@schinken-verlag.de

www.ingramcontent.com/pod-product-compliance
Lightning Source LLC
La Vergne TN
LVHW091414190726
843491LV00006B/1427